ラッセル

碧海純一

勁草書房

Bertrand Russell

by Aomi Junichi

keiso shobo

ラッセル

碧海純一著

思想学説全書

勁草書房

Bertrand Arthur William Russell

まえがき

バートランド・ラッセルの思想を網羅的に解説・論評した書物は、日本はもとより、英米においてもまだ世に出ていない。すぐれたラッセル伝の著者アラン・ウッドは〈ラッセルの哲学――その発展の研究〉と題する野心作の執筆に手をそめていたが、ごくはじめの部分を書いただけで、惜しくも故人となった。現代の思想界におけるラッセルのひときわぬきんでた地位にかんがみても、なぜこの種の書物がまだ現われていないのかということは、永いあいだ私にはわからなかったが、この〈思想学説全書〉の一巻として本書をみずから準備する立場に身をおいて、はじめてそのわけを体得しえた。そもそも、このような試みは、普通の人間にとっては、無謀に近いものなのである。ラッセルの思想の全面的・体系的な紹介・批判は――当のラッセル卿自身が八十九才の今日なお健在で、その思想がさらに発展をつづけているということは一応別としても――それ自体非凡な分析力と綜合力とをあわせて要求するしごとなのであり、かてて加えて、二千万語に及ぶといわれるかれの尨大な著作（これは普通の本の形に直すと数百冊に相当しよう）を読破する超人的な精力なくしては不可能なわざなのである。一九四四年には、〈現代哲学者叢書〉の一巻として、ノースウェスタン大学のシルプ教授の編集になる浩瀚な共同研究・〈バートランド・ラッセルの哲学〉が出版され、アルバート・アインシュタイン、ハンス・ライヘンバッハなどをふくむ二十数人の著名な学者がそれぞれ自分の専門領域でラッセルの業績をとりあげて、紹介・批判を試みている。巻末には、各寄稿論文に対するラッセル自身の回答が付せられているが、その中でかれは、再三、寄稿者の中に自分の見解を根本的に誤解している学者の多いことを嘆じている。事実、アインシュタインやライヘンバッハなどはともかくとして、少なからぬ数の寄稿者が最も基本的な諸論点についてラッセルの思想を無残に歪めていることは、多少ともかれの著作に親しんだ者の眼には一目瞭然である。当代の一流学者を動員したこの大がかりな企画ですら、ラッセルの思想の満足すべき概観を与えることに成功していないとすると、私のようにいわば徒手空拳の人間がひとりでラッセル哲学の解説を試みるなどということは、そもそも、甚だしい暴挙だといわざるをえない。そこで、私は本書の構成にははじめから一定の制約を加え、自分のかぎられた力に応じた形で、わが国の一般読者層にラッセルの人と思想を紹介する道をえらんだ。

本書では、まず第一部で、ラッセルの生い立ちから一九六〇年にいたるかれの生涯とその思想の発展過程とを叙述し、あわせて、それぞれの時期を代表する作品を簡単に紹介することに努めた。ラッセルの生活史・精神史については、かれ自身の筆になる〈自伝的回想〉(一九五六)、〈私の哲学的発展〉(一九五九)および〈私の知的発展〉(一九四四――前記シルプ編〈バートランド・ラッセルの哲学〉所収)、ならびに故アラン・ウッド著〈バートランド・ラッセル――情熱の懐疑家〉(一九五七)が最も有益であった。第二部では、ラッセルの社会思想を概観し、特にその基底にある特徴的な発想法と価値観とに照明をあてるように努力した。このような構成をもつ本書では、当然、ラッセル哲学のいくつかの重要な側面が応分のとりあつかいを受けないことになる。特に、大著〈プリンキピア・マテマティカ〉を中核とする、かれの論理学・数学基礎論の領域での最もオリジナルな貢献についての十分な紹介が欠けていることは本書の最大の盲点である。しかし、この領域では全く一介の素人にすぎない私が無理にその解説を試みることの危険にかんがみ、この方向でのラッセルの業績に興味をもつ読者には、前記シルプ編の共同研究の中のハンス・ライヘンバッハ、モリス・ヴァイツ、およびクルト・ゲーデルの論文、その他の専門文献を参照していただきたい。また、第二部の中でも、教育論の解説が、やはり同じ理由から、欠けているので、このテーマについては、〈教育論〉(魚津郁夫訳、みすず書房刊〈バートランド・ラッセル著作集〉第7巻)を読者におすすめしておく。この二つの大きな盲点は別としても、本書の叙述は非常に簡略な、例示的なもので、広汎かつ多面的なラッセルの思想の瞥見を与えるにすぎない。

ドイツ観念論の流れに属する哲学者たちのように曖昧模糊たる表現で読者を眩惑することなく、つねに簡潔・明快な文体で自分の主張を単刀直入に表現するラッセルは、それだけにまた、批判の対象となりやすい学者でもある。そして、かれ自身も、ムーア、サンタヤーナ、ヴィットゲンシュタイン、その他の学者の批判を受け容れつつ、自分の見解を重要な論点について何度か変えてきた。かれの思想のこのような開放的性格こそ、ラッセルをして偉大な思想家たらしめているひとつの因子だと私は信ずるが、解説者の立場から言うならば、ひとたび体系をつくりあげてしまうとどんな新しい発展があっても物に動じなくなる閉鎖型の哲学者のばあいとくらべて、かれの思想の全容を見とおすことは実に至難である。かれの主要著作を少しづつ読むことによって、その思想の形成を跡づけるしごとは、私自身にとってはまことに有益な勉強であったが、でき上った本書はまだまだ意に充たぬものを多くふくんでいる。私としては、この小著が、多少なりとも、わが国の一般読者層にラッセルとその思想への関心を喚起し、その著作がひろく読まれ、理解され、かつ必要に応じて批判される機縁をつくることに役立つならば望外の幸いである。

本書がはじめて企画されたのは今から四年ほど前で、まだ私が神戸に住んでいるころのことであった。以来、私が東京へ転居したり、公務が忙しくなったりして、執筆が思うようにはかどらず、出版予定が延引したことを読者におわびしたい。

私が旧制高校生のころはじめてラッセルの作品にふれる機縁をつくってくださったのは、当時、文理科大学から私の母校、武蔵高等学校へ講義に来ておられた下村寅太郎教授であったが、はからずも、この碩学の筆になる〈レオナルド・ダ・ヴィンチ〉と時を同じくし、同じ叢書の一巻として本書を世に問うことができるのは、私にとって大きな光栄である。また、七年ほど前、大阪のホテルのロビーで、今は亡き恩師、尾高朝雄教授とラッセルの〈西洋哲学史〉について語り合ったことも昨日のように憶い出される。ドイツ哲学・ドイツ社会学・

ドイツ法学の正統アカデミズムを最高度に身につけながら、ラッセルを深く理解し、評価される教授の包容力は私にとって驚異であるとともに大きなはげましでもあった。故教授がこの未熟な小著をその霊前に捧げることを許されんことを。

本書の出版に当っては、編集に関係された諸先達はもとより、畏友井上茂教授、勁草書房社長井村寿二氏および同社の別所久一氏に終始いろいろとお世話になった。特に、別所氏は、私の遅筆にもめげず、何回となく私の私宅や研究室へ足を運んで原稿や校正の準備に協力してくださった。これらの方々に対し、改めて厚く感謝の意を表したい。

一九六一年六月

碧海純一

なお、本書第二部5の叙述は私が雑誌〈思想〉第四二九号（昭和三五年三月）に書いた論文《バートランド・ラッセルの戦争と平和の思想》に依るところが大きい。同論文の部分的な転載を承諾してくださった岩波書店にも謝意を表したい。

目次

第二部

第一部　バートランド・ラッセルの生涯とその思想の形成

1 少年時代 一八七二―一八九〇

バートランド・アーサー・ウィリヤム・ラッセル（Bertrand Arthur William Russell）は一八七二年五月一八日の午後五時四五分ワイ川（Wye）の近くの家で呱々の声をあげた。この嬰児はよく肥って大きく、びっくりするほど元気な子であった、と記録されている。このことは、成人してからのラッセルが、われわれが写真でよく知っているように、イギリス人としては小柄で華奢な体つきであることを思うと、やや意外である。しかし、健康と精力という点では、この元気な嬰児は後年のラッセルを約束していた。ラッセルは五十歳ぐらいのときに北京でひどい急性肺炎にかかり、数週間にわたって危篤状態がつづいたことがあったが、それをのぞいては満八十九歳の今日までおどろくべく健康な歳月をすごしてきた。これは、ひとつには、カントにも比すべきかれの日常の節制と鍛錬との賜でもあろうが、やはりある程度までは生れもった体質にもよるものと思われる。第二代のラッセル伯爵となったかれの兄フランク（Frank Russell 1865―1931）もきわめて壮健な体質にめぐまれていた。

しかし、ラッセルの両親アンバーレー子爵夫妻（Viscount and Lady Amberley）はともに短命であった。夫妻には二男であり末子であるバートランドと前記の長男フランクとの間に一八六八年生れのレイチェル（Rachel）と呼ぶ女児があったが、バートランドが二才のとき、フランクがジフテリヤにかかり、それがレイチェルと母にうつり、フランクは助かったがあとの二人はついに世を去った。そして、それからわずか一八ヶ月の後、まだ四歳にもならないバートランドと十歳のフランクとをのこして、父もまた三三歳の若さで病歿した。臨終のとき、父は医者の腕に抱かれた幼いバートランドにやさしくキスして別れをつげた。こうして、イギリスでも屈指の名門に生をうけながら、幼いラッセル兄弟は孤児となったのである。

二歳で母を、三歳で父を失ったラッセルは二一歳になってはじめて両親の生涯についてややくわしい知識を得ることができた、と回想している。そして、二一歳のラッセルは、自分がそれとは知らずに、父がたどったと同じような道程を歩んできたことに一驚せざるをえなかった。かれの父アンバーレーは、ラッセル家の伝統にしたがって、はじめ政界に身を投じ、短期間ではあったが国会に議席をもったこともあった（一八六七―一八六八）ほどだが、その性格からいって、かれは到底政治家に向いた人物とはいえなかった。アンバーレーは若いころから自由思想家《フリーシンカー》であったし（一九世紀中葉のイギリス貴族社会でこの立場を公然と表明することは今日ではとても想像できないほどの決断を要した）、またジョン・スチュアート・ミルの追随者でもあった。アンバーレー夫妻はミルの教説のうちでも、比較的「穏健な」部分はもとより、婦人参政権や産児制限についての当時としては「言語道断な」主張さえも勇敢に支持した。一八六八年の総選挙のとき、アンバーレーは再び立候補したが、かれが産児制限を支持したということが世間に伝わり、そのためにかれは「嬰子殺」を提唱する破廉恥漢として手ひどい悪口をあびせられた。投票日には“Vice-count Amberley”（Viscount《子爵》 Amberley をもじったもので、「背徳卿」というような意味）と書いてかれを糾弾した漫画が掲げられるというような始末で、開票の結果は落選であった。アンバーレーは、青年時代のかれの息子がちょうどそうであったように、生真面目で、内気で、そして余りにも潔癖なために政治家としては世に容れられ難い人物だったようである。かれの死後、〈宗教的信仰の分析〉（*Analysis of Religious Belief*）という遺著が刊行された。ラッセルの母、すなわちアンバーレー子爵夫人は旧姓名《メイドン・ネーム》をケイト・スタンレー（Kate Stanley）といって、スタンレー卿

（Lord Stanley of Alderley）の娘であり、その夫におとらぬほど進歩的な婦人で、男女同権論者であった。このような家庭の事情だったから、ラッセルの父は二人の息子、つまりフランクとバートランド、をやはり自由思想家《フリーシンカー》として育てようと考え、遺言によって二人の無神論者を子供たちの後見人に指定しておいた。しかし、この遺言は結局容れられず、父母を失ったフランクとバートランドは父方の祖父母ジョン・ラッセル卿夫妻のもとで養育されることになった。祖父ジョン・ラッセル卿はイギリス政治史上でも非常に有名な人物であるが、この人についてのべるにさきだって、ラッセル家の歴史についてごく簡単にふれておこう。

イギリスのホイッグ党の歴史において指導的な地位を占めるラッセル家からは、歴代ベッドフォード公・伯爵（dukes and earls of Bedford）を名のる著名な人物が輩出したが、この一族が特に政治上重きをなすにいたったのは一六世紀のはじめ、ヘンリー八世の時代のことであった。ラッセル家の伝統は王に対して国民の憲法上の権利を護ることにあった、と幼年時代のラッセルは教えられたという。一族のなかでも、チャールズ二世に反抗して刑死したウィリアム卿（William Lord Russell）は特に家門のほまれと考えられていた。わがバートランド・ラッセルの父方の祖父にあたるジョン・ラッセル卿（Lord John Russell, 1st

Earl Russell of Kingston 1792—1878）はやはりジョン・ラッセル卿とよばれた六代目ベッドフォード公爵（6 th Duke of Bedford 1766—1839）の第三子にあたり、一門のなかでも政治的に最も著名な人物である。

ジョン・ラッセルは、一族の伝統に従って、早くから政界に入り、有名な選挙法改正（The Reform Bill of 1831—1832）において指導的な役わりを果し、一八四六年六月から一八五二年二月までイギリス首相として活躍した。輸入穀物に対して高率の関税を課していた穀物法（The Corn Laws）がこの期間に撤廃されたことはよく知られている。一八五二年に挂冠してからも、政界の一角に隠然たる勢力をもっていたかれは、一八六五年、同じホイッグ党から出た首相パーマーストン（Lord Henry Palmerston）が歿したので、そのあとをついでふたたび宰相の印綬をおびたが、すぐ翌年辞任し、その後はロンドン郊外リッチモンド・パークにあるペンブローク・ロッヂ（Pembroke Lodge）の邸で悠々自適の余生をおくった。

この祖父についてラッセルはつぎのように語っている。「あらゆるラッセル家の人々と同じく、彼は貴族的自由主義というう独得のレッテルをうけついだ。この貴族的自由主義は彼の先祖が重大な役割を演じた一六八八年の革命〔いわゆる名誉革命〕を特徴づけている。私は一種の理論的共和主義を教えられたが、それは、王が自分を人民の使用人であり、不満に思われれば罷免されることを承知している限りにおいて、王制を黙認しようという考えである。祖父は富顕にこびる人ではなかったので、この考えをよくヴィクトリヤ女王に説明したものだが、彼女は必ずしも賛成しなかった。だが、女王は、私が少年時代をずっと過したリッチモンド公園の家を祖父に与えた。」〔ラッセル著・中村秀吉訳〈自伝的回想〉・六ページ。なお、ジョン・ラッセル卿についてはこの〈自伝的回想〉の一二七―一三二ページが参考になる。〕ジョン・ラッセルはイタリヤの統一運動にも深い理解と同情とを寄せたので、統一成就後、イタリヤ政府は感謝の意を表してかれに記念品を贈ったという。父母をあいついで失ったバートランドが兄とともにこの祖父の家にあずけられたのは、バートランドが三つのとき、祖父が八三歳のときで、祖父は数年後に他界したので、バートランドは、かれがいつも子供たちに対してやさしかったことをのぞいては、あまりくわしいことはおぼえていない。幼いラッセルに大きな感化を及ぼしたのは祖母のレイディ・ラッセルであった。

厳格な清教徒だった祖母は日常生活に関しては極端な質実剛健主義を励行し、自分の子供や孫たちに対しても世俗的な「成功」をのぞむようなことはしなかった。バートランドの十二歳の誕生日に、レイディ・ラッセルはこの愛孫に一冊の聖書を与えたが、そのとびらにはつぎのことばが記されていた。"Thou shalt not follow a multitude to do evil."（「群集のなす悪に盲従するなかれ」という意味。東洋のことわざに似たものを求めれば、「自ら省りみて直くんば千万人といえどもわれ行かん」というのが実質上これに相当しよう。）ラッセルはこの聖書を現在でも大切にもっており、このことばから受けた感銘はかれの生涯に実に大きな影響を与えたと述懐している。祖母は清教徒であると同時に、一面では当時としては急進的な政治思想に共鳴し、アイルランドの独立を支持し、当時のイギリス政府が植民地で行っていたいろいろな帝国主義的施策を攻撃したばかりでなく、そのころの進歩的な上流家庭の例にならって、ドイツ人やスイス人の女性を孫たちの家庭教師としてつけた。このために、バートランドは子供のときからドイツ語が自由に話せるようになった。

こうして、ラッセルは三歳から一八歳でケンブリッヂに入学するまでの十五年間（一八七六―一八九〇）をペンブローク・ロッヂの祖父母の家で過した。兄のフランクとは年令もはなれている上に性格もひどくちがっていたし、同じ年ごろの遊び相手もなく、祖母や家庭教師たちと毎日をくらしていたバートランド少年は、自然、極度に内向的・非社交的で、一言でいえば全く「子供らしくない子供」であったらしい。早くから旺盛な好奇心をもっていたバートランドは、十一歳のときに、兄のフランクからユークリッド幾何学の手ほどきを受けたが、はじめに、定理の証明の前提として、それ自体は証明されていない公理をみとめることについては、頑強に異議をとなえて兄をこまらせた。しかし、一たん公理とみとめたあとでは、すべてが順調にはこび、このとき以来、かれの少年時代全体を通じて、数学がバートランドの興味をつよくひくようになった。「この興味は複合的なものだった。自分が〔数学に〕ある種の器用さをもっているということを発見する快感、演繹推理の威力を発揮するよろこび、数学上の確実性の徹底していること、などもこの興味の部分的な要素だったが、このいずれにもまして（私がまだ少年だったころは）自然が数学的法則にしたがって作用しているという信仰と、人間の行為も、遊星の運動と同じく、われわれの技術さえ十分ならば計算できるはずだという信仰とが私の数学への興味を形成していた。十五歳になるまでに、私はデカルト主義者たちの学説によく似た学説に到達していた。当時の私の確信によれば、生物体の運動は力学の諸法則によって全面的に支配されているのだから、自由意志は幻想にちがいないと考えられた。しかし、〔一方で〕私は意識というものを疑いえない既定事実としてうけ入れていたから、唯物論をうけ入れることはできなかった。もっとも、唯物論が理論的に簡明であって、『ノンセンス』を排斥するものだとの理由から、この立場への若干のあこがれはあったが。私は当時まだ神を信じていた。なぜかというと、第一原因にもとづく神の存在の証明（the First-Cause argument）は論破されえないように思えたからである。」〔"My Mental Development" in Schilpp (ed.), *The Philosophy of Bertrand Russell*, p. 7.〕しかし、一八歳のとき、J・S・ミルの自叙伝を読んだのがきっかけになって、かれは第一原因証明をも、したがって神の存在をも信じなくなった。

ラッセルの少年時代におけるミル（John Stuart Mill 1806—1873）の影響は非常に大きかったようである。かれの亡父アンバーレー子爵は、前記のように、ミルの熱心な弟子であると同時に友人でもあったが、このこととはおそらく無関係に、バートランド少年はミルの〈経済学原理〉、〈自由論〉、〈婦人の隷従〉、〈論理学〉などを読みふけった。のちにくりかえしてのべるように〔第II部2〕、社会思想（倫理、政治、経済などをふくめて）に関するかぎり、ラッセルに対するミルの影響は全面的かつ恒久的だったといえよう。論理学や認識論の領域では、ミルから多くを学びつつも、重要な点においてミルの経験論を修正し、それをあらたな方向に発展させたラッセルのこの方面での後年の活躍への萌芽はすでに少年時代にめばえていた。バートランド少年は、ケンブリッジに入学する以前に、ミルの〈論理学〉を精読して詳細なノートを作ったが、その過程において、どうしてもミルの見解に従いえない点があることを発見した。これは数学上の諸命題の真理性の根拠についてのミルの理論だった。ミルはイギリス経験論の伝統にしたがって、われわれの知識を経験にもとづく帰納の所産と考えたが、その際、2＋3＝5というような数学上の知識をもほかの種類の知識（たとえば「太陽は東からのぼる」とか「銅の比重は八・九三である」など）と根本的には同じ根拠をもつものと考えた。すなわち、2＋3＝5という命題は二つのものと三つのものとをあわせてかぞえると五つになる（たとえば、二人の人間と三人の人間、二本の鉛筆と三本の鉛筆）という無数の事例からの一般化によってえられたもので、その確実性の程度がきわめて高いことをのぞいてはほかのタイプの命題と同じ性質のものだ、というのがミルの考えだったのである。少年ラッセルはこの考えにつよい疑いを感じ、同時に、それを通じて数学的真理の性質についていろいろ考えはじめるようになった。

宗教もまたバートランド少年の心をつよくとらえた。ペンブローク・ロッヂの祖母の家では、日曜日にはみんなかならず教会に行ったし、日曜の晩には讃美歌をうたった。こうして、バートランドは父母の遺志に反して宗教的雰囲気のなかで育てられ、十四、五歳のころから「自由意志」、「霊魂の不滅」、「神の存在」などの問題について真剣に考えはじめた。しかし、かれが希望的観測に眩惑されることなく卒直に考えるかぎり、これらの信条はつぎつぎと心の中で崩壊して行った。まず「自由意志」と「霊魂の不滅」とが、ついで前記のように（「第一原因」との関連において）「神」がかれの眼前から消えていった。このために生じた心の空白は元来内気で淋しがりやのバートランド少年に一層の寂寥感をもたらした。青年時代のラッセルの数学や哲学（特にヘーゲル哲学）への傾倒は失われた宗教的信仰への代替物を求めるかれのつよい願望の結果だったといえるかもしれない。少年時代の自分が、絶対的なものへのつよい憧憬にもかかわらず、次第に宗教から離れて行った経過についてのラッセルの回想を続んで、まずつよく感ずることはラッセルの全思想を一貫している顕著な一特徴がすでにこの時代にはっきりあらわれているという点である。それは、簡単にいえば、客観的真理の主観的願望からの隔離であるといえよう。ラッセルは、少年時代にはじめて神への信仰をすてて以来、絶対的な安心立命のよりどころがどこにも得られないという事実に対し、終始つよい不満を感じてきた。しかし、心理的な不満をいやすために冷厳な事実の直視をこばむことはかれにとって学者として最も恥ずべきことと思われた。同じことは、のちにのべるように、かれの倫理学説にも見られる。ラッセルは倫理的な価値は各個人の評価行為から独立した客観的なものではなく、各評価主体の主観的な選択に依存することを説くいわゆる主観主義者のひとりであるが、同時に、かれ自身いろいろな機会にこの見解が結果的には自分にとってきわめて不満足なものであることをくりかえし強調している。しかし、主観的・心理的な満足や安心立命感を得るために客観的事態を歪曲することはできない、というのがこのような不満にもかかわらずかれが主観主義をとるひとつの理由である。〔後出第二部1・2参照〕

数学・哲学・宗教のほかにも、さまざまの領域の文献がこの幼い読書家の貪欲な好奇心をみたしてくれた。祖父の書斎には歴史書が沢山あったし、文学書にもこと欠かなかった。後年のラッセルの驚くべき博識は少年時代の読書に負うところが大きいと思われる。バートランド少年はテニソン〔当時まだ健在だったテニソンの印象については Cf. *Unpopular Essays* pp. 213―214.〕やバイロンをはじめ、多くのイギリス詩人の作品を読んだが、なかでもシェレーの詩は、おそらくその音楽性と無神論的内容とのゆえに、かれの最も愛誦するところとなった。

このようにして、世間の荒い波風からも、また同じ年ごろの遊び友達からもひとしく隔離されて育ったバートランドは、学問の面ではおそろしく早熟ではあるが、その反面、対人関係においては全く内気で、無器用《オークワード》な、そして何よりも異性との交際を全然知らない一八歳の少年として、一八九〇年の一〇月にケンブリッジのトリニティ・コレジ（Trinity College, Cambridge）に入学した。

2　ケンブリッジでの学生時代　一八九〇—一八九四

「ケンブリッジは私に無限のよろこびに満ちた新しい世界を開いてくれた。私は、生まれてはじめて、自分の考えを発表すると人々がそれをまじめにとりあげてくれるということを知った」、とラッセルは回想している。ペンブローク・ロッヂの祖母や家庭教師たちはたしかにそのころとしては進歩的な思想をもってはいたが、数学や哲学の問題についてバートランド少年の話し相手となることを彼女たちに期待することは到底できない相談だった。かれが哲学上の話題について話し出しても周囲のひとびとはなかなかまじめに相手になってくれなかった。だから、ケンブリッヂに入学して、自分と同じように考え、同じように語る人間を周囲に見出したことは孤独な精神生活を永く強いられてきたラッセルにとって無上のよろこびであった。

ケンブリッヂでの四年間の学生生活のあいだに、ラッセルは多くの非常にすぐれた友人をえたが、そのうちの幾人かはかれの終生の親友となった。〔これらのひとびととの交友についてここにくわしくのべることはできないので、中村秀吉訳〈自伝的回想〉、六六ページ以下を参照されたい。〕ホワイトヘッド、チャールズ・サンガー、トレヴェリアンの三人兄弟、ロウズ・ディッキンソン、マクタガート、G・E・ムーア、リトン・ストレイチー、J・M・ケインズ、などの名をわれわれはこのリストに見出すのであるが、このなかでも特にラッセルと思想上深い関係のあったホワイトヘッド、ムーアおよびマクタガートについて簡単に記しておこう。

アルフレッド・ノース・ホワイトヘッド（Alfred North Whitehead 1861—1947）は、い

うまでもなく、ラッセルとともに大著〈プリンキピア・マテマティカ〉を書いた人物であり、また晩年は一種の有機体論的哲学によってひろく知られた哲学者である。かれはラッセルより一一歳も年長であり、ラッセルがはじめてケンブリッヂにやってきたとき、かれを試験してその異常な才能をみとめたのはほかならぬホワイトヘッドであった。後年かれと自分とのあいだに次第に思想上のへだたりが生じてきたにもかかわらず、ラッセルはこのすぐれた、そして親切な先輩に対して（毒舌をもって鳴るかれとしては）最上級の讃辞を呈している。

〔中村秀吉訳〈自伝的回想〉一〇七—一一三ページ参照〕

G・E・ムーア（George E. Moore 1873—1958）はラッセルとともにイギリス哲学界に新風を吹きこんだ人物として著名である。ムーアはラッセルより年がひとつ若く、ケンブリッヂでも二年後輩だったが、新入生のころから秀才のほまれ高く、ラッセルにたちまち強い感銘を与えた。ラッセルが、後述のように、第一次大戦中の反戦運動のかどでケンブリッヂ講師の地位から追われて以来、主として在野の著述家として活躍してきたのに対し、ムーアのほうは後年母校の教授として直接後進を指導する地位につき、周知のように、ラッセルとならんでイギリス哲学史上きわめて重要な（そして、今日でもつづいている）一時期をつくり出した。ムーアははじめのうちは哲学よりもむしろ古典に惹かれていたらしいが、ラッセルとの交際を通じて哲学に興味をもつようになり、今度は逆にかれの思想的発展、特にヘーゲル主義からの脱却、において大きな影響を及ぼすこととなった。

マクタガート（John Ellis McTaggart 1866—1925）はラッセルより六歳年長であり、友人というよりはむしろ先輩としてかれの初期の思想の形成において重要な役割りを（そして、後年のラッセルの述懐によれば、不幸な役割りを）演じた。当時すでにヘーゲリアンとして名声をはせていたマクタガートは、ラッセルに対し、イギリス経験主義は「素朴な」哲学であって、ヘーゲルこそ真に偉大な哲学者であると説いた。その結果、ごくみじかい期間のことではあったが、ラッセルが、ムーアや他の友人たちと同じく、熱心なヘーゲリアンとなり、そのころイギリス最大の哲学者として知られていたブラドレーの〈外観と実在〉(F. H. Bradley, *Appearance and Reality*, 1893）などを読むようになったことは興味ふかい。

ケンブリッヂでの学生生活のはじめの三年間は主として数学の学習に費やされた。ラッセルは、勿論成績優等ではあったが、抜群というほどでもなく、むしろ当時のケンブリッヂ風のつめこみ教育法に対して強い反感をおぼえていたばかりでなく、教授内容そのものについてもすこぶる懐疑的だったようである。かれが前述のようにマクタガートその他の影響のもとにまずヘーゲル主義の文献によって哲学の手ほどきをうけたのは学生として最後の年、つまり四年目のことであったが、点取り主義の数学の勉強に嫌悪を感じていたかれにとって、ヘーゲル、カント、ブラドレーなどの壮大な体系との接触が大きな解放感をともなったことは想像にかたくない。当時のケンブリッヂでは、有名なベンタム主義者シッヂウィック(Henry Sidgwick 1838—1900)〔cf. *Unpopular Essays* p. 214〕をほとんど唯一の例外として(そしてかれはもはや過去の人物とみなされていた)、大多数のひとびとはドイツ観念論の呪縛のもとにあったから、ラッセルがかれのアカデミックな思索生活の第一歩をこの方向にふみ出したことは自然のなりゆきだったといえよう。勿論、数年を出でずして、かれはムーアとともに一八〇度の方向転換をなしとげ、それによってイギリス哲学の流れをふたたび経験論の本流にかえしたのであったが。それはともかくとして、二二歳のラッセルはこのような雰囲気の中でケンブリッヂの学生生活を優等で修了し、フェロー資格論文(fellowship dissertation)の作成に著手した。この論文は「幾何学はいかにして可能であるか」というカント的な問題をあつかったもので、のちに〈幾何学基礎論〉(*An Essay on the Foundations of Geometry*,

1897）として出版されたが、アインシュタインの一般相対性理論以前の段階に属するこの本を後年のラッセルはほとんどかえりみる価値のない書物だとみずからきめつけている。

3　結婚・外遊・社会主義　一八九四—一八九六

前にも書いたように、一八歳でケンブリッジに入学するまでペンブローク・ロッヂの祖母の家で孤独な少年時代をすごしたラッセルは、内向的で極度に非社交的な、したがって異性に対して異常なほど内気な青年だった。このような青年はひとたび意中の女性を得ると徹底的に惹かれてしまうのがつねであるが、ラッセルもその例にもれなかった。相手の女性はアリス・ピアサル・スミス（Alys Pearsall Smith）といって、ラッセルの学生時代からの友人だったローガン・ピアサル・スミス（Logan Pearsall Smith）の姉であり、アメリカのペンシルヴェーニア州からイギリスに移住してきたクェーカー教徒の娘だった。イギリスでも屈指の貴族家系に属するラッセルと平民の、しかもアメリカ系のアリスとの仲は、祖母のレイディ・ラッセルはいうにおよばず、多くの関係者をいたくあわてさせたらしく、ラッセルはケンブリッヂを卒業した年に早速パリのイギリス大使館附の名誉アタシェ(honorary attaché)という肩書きをもらって、体よくフランスに追いやられた。しかし、パリでの外交官としての華やかな生活はかれに全く何のたのしみをも与えず、ラッセルはその年のうちに何とか口実をもうけてイギリスにかえり、とうとうアリスと結婚してしまった。一八九四年一二月一三日のことであった。当時ラッセルはわずか二二歳、新婦アリスは五歳年長で二七歳だった。結婚式はロンドンのフレンド派公会堂でクェーカーの流儀によっておこなわれた。後年男女間の交遊について大胆きわまる見解を公けにして世間をおどろかせたラッセルも、このころはまだ恋愛や結婚に関して清教徒的ともいうべき厳格な態度をもっていたと伝えられる。

結婚後の数年間はそれまで勉学一点ばりですごしてきたラッセルにとって実に変化に富んだ時期となった。何よりも重要なことは、この時期にかれの実際政治に対する関心が急に強まったこと、特に初期のフェビアニストたちとの接触を通じてかれが経済学と社会主義思想を貪欲にわがものにして行ったことである。結婚の翌年、つまり一八九五年にラッセルはアリス夫人をともなって二度ドイツを訪れ、当時のドイツ社会主義者たちと交わっただけでなく、マルクスの資本論や共産党宣言をはじめ社会主義文献を熱心に研究した。(「幾何学の基礎」についての例のフェロー資格論文の執筆もこれと平行して進行していた。ドイツ訪問を機として、かれがイギリスでまだよく知られていなかったドイツの数学者たちの業績、特にデデキント、カントール、ヴァイアーシュトラースなどの著書にはじめてふれたことも、ついでながら、注目すべき事実である)。この二年にわたる集中的な研究はラッセルの最初の著書として有名な〈ドイツ社会民主主義論〉(*German Social Democracy*, 1896) として結実した。この本のなかで、かれがマルクスのするどい現実分析に対して応分の敬意を表しつつも、マルクス自身における理論上の欠陥やドイツのマルクス主義者たちの教条主義的傾向をすでに的確に指摘していることは興味ふかい。マルクスの説いたプロレタリアート独裁の理論が実現されれば、当然、不寛容と偏狭な独善が横行する危険が予測されるが、その反面、ほかの方法では達成できない多くのことが可能になるだろうということをラッセルは指摘し、この種の独裁によって生ずる利益と弊害とのいずれが大きいかについては、早急な断定を避けている。しかし、十数年後、ボルシェヴィスト革命の直後にロシヤを訪問してレーニンやトロツキーに会ったかれは、後述のように、マルクス主義に対してはるかに批判的にならざるをえなかった。

二度にわたるドイツ訪問につづいて、ラッセル夫妻は一八九六年に数ヶ月間のアメリカ旅行をこころみ、ニュージャージー州ケムデンにあるウォールト・ホイットマンの家を訪ねたり（アリスはホイットマンと以前から親交があった）、二、三の大学で講演したりしたのち、イギリスにかえり、それから数年間はあまり旅行もせず、南イングランドのサセックス州の田舎にひきこもって哲学や数学基礎論の研究に没頭することとなった。

4　思想的自立の時代——ヘーゲル主義からの解放　一八九六—一九〇〇

これからの数年間は、外面的に見れば、ラッセルの全生涯において最も波瀾の少い、最も平穏な時代であった。しかし、内面から眺めるならば、この数年間こそ独創的な哲学者・数学者・論理学者としてのかれの不朽の業績への礎石のおかれた時期として実に大きな意義をもつものといわねばならない。というのは、まさにこの時期において、それまでラッセル自身を、そしてまたイギリス哲学界全体を支配していたヘーゲル流の形而上学的・観念論的一元論との終局的な訣別がなされたからである。では、この数年間にかれの身辺におこったいわば外面的な事件の流れをまず簡単に記しておこう。

一八九九年にラッセルは母校ケンブリッヂにおいてライプニッツの哲学について一連の講義をおこなった。これは、実はまったく偶然の事情によるもので、この年ライプニッツの講義をすることになっていたマクタガートが予定をかえて休暇をとったため、ラッセルがいわば代講をたのまれたわけである。しかし、この偶然は、ラッセル自身にとっても、またライプニッツ研究にとっても、非常な幸運をもたらした。かれの研究の成果は〈ライプニッツ哲学の批判的解説〉(*A Critical Exposition of the Philosophy of Leibniz*, Cambridge U. P., 1900)として公刊されたが、この中でラッセルは(比較的とぼしい資料によって)全く独自の洞察力をもってライプニッツ哲学のきわめて斬新な解釈を提唱した。特に、かれはライプニッツが友人アルノーにあてた書翰を有力な手がかりとして、それまでの哲学史家が重視していた〈モナド論〉、〈弁神論〉などにあらわれた通俗的な側面とは全然ちがった要素がライプニッツにあることを指摘し、なかんづく、関係の問題や主語・述語論理の批判などについてかれが非常に進んだ思想を展開していたことを究明した。ラッセルのこの著作においては、資料の不足から、相当大胆な推測がふくまれていたが、偶然にもその次の年にフランスの有名なライプニッツ研究家クーチュラ（Louis A. Couturat, 1868—1914）が〈ライプニッツの論理学〉という本を出し、そのなかで、未発表の資料に立脚してラッセルの解釈に酷似したライプニッツ論を展開した。こうして、ラッセルのライプニッツ研究はみごとに検証されたわけであるが、この研究は、同時に、伝統的な論理の枠を打破してまったく新しい視角から論理の諸問題を再検討する可能性を示唆することによって、ラッセル自身の思想的成長にとっても大きな刺戟を与えたと思われる。

一九世紀最後の年、一九〇〇年はラッセルの全生涯のうちでおそらく最も重要な年となった。一一歳で兄のフランクからユークリッド幾何学の手ほどきをうけ、「公理は証明されえない」ときかされて不満を禁じえなかったラッセルにとって、またミルの論理学を読んで数学上の諸命題もやはり経験からの帰納にもとづくというかれの説に不審をいだいてきたラッセルにとって、数学の基礎の問題はつねに念頭を去らなかったが、満足すべき解答はどこからも与えられなかった。数学上の判断を「先験綜合判断」と見るカントの見解にも、かれはやはり同意しかねていた。そのかれがこの一九〇〇年の七月にパリで開催された国際哲学会議に出席し、そこでイタリヤの数学者・論理学者ペアーノ（Giuseppe Peano, 1858—1932）の人と業績にはじめて接する機会をえたのである。このトリーノのすぐれた学者からラッセルが学んだ最も重要なことは、かれ自身のことばによれば、「数学における論理的技術」（logical technique in mathematics）の重要性についての認識であった。勿論、記号論理それ自体は、すでにペアーノ以前に、ブール、シュレーダー、パース、その他の人々によってある程度展開されていたし、またラッセル自身もかれらの業績について前から十分な知識をもっていた。（そして、何よりも、ライプニッツの構想した“characteristica universalis”がこの方向への重要な第一歩であったことは特に記すまでもない）。しかし、ペアーノとのめぐり合いによってはじめて、かれは記号論理技術が「算術の文法」（the grammar of arithmetic）に新たな光を投げるものであることを教えられた。これに勇気をえたラッセルは帰国後ただちに筆をとって一気呵成に〈数学の原理〉（*The Principles of Mathematics*, Cambridge U. P., 1903）の草稿を一応書き上げた。「私は〈数学の原理〉の草稿を一九世紀の最後の日、すなわち一九〇〇年一二月三一日に完成した。この年の七月以後の数ヶ月は、私にとって、あとにもさきにも経験したことのないような知的蜜月（an intellectual honey moon）だった。一日ごとに、前日までには理解できなかったことがわかってくるような気がした。すべての困難は解消し、あらゆる問題は解決された、と私は思った。しかし、蜜月はいつまでもつづくものではなく、翌年のはじめには知的悲哀が私の上に重々しくのしかかってきたのであった」〔*My Philosophical Development*, p. 73〕。

この「知的悲哀」というのは、おそらく、いわゆる「ラッセルのパラドックス」の発見に伴なう行きづまりのことを指すのであろうが、それはともかくとして、一九世紀の最後の数年間のうちに、ライプニッツの研究や、ペアーノとの邂逅を機として、ラッセルの思想に決定的な変化が生じたことは興味ふかい事実である。

この変化は、一面においては、前述のように、記号論理技術の数学基礎論への応用というテクニカルな形態をとったが、他面、ひろい意味での世界観そのものの根本的な転換をも同時に意味した。この変化は、ラッセル自身の表現によれば、それまでの「観念論への寄り道」（excursion into idealism）から、かれが「多元論への反抗」（revolt into pluralism——「多元論に対する反抗」という意味ではなく、それまでの立場だった観念論に対する反抗の気持から多元論におもむいたことを意味するのだが、日本語ではうまく表現できない）に出たことにあったといえよう。学生時代のラッセルが、ひとつにはブラドレーやマクタガートなどをチャンピオンとする当時のイギリス思想界全般の風潮に影響されて、またひとつにはつめこみ式の数学教育への反動によって、ヘーゲル流の観念論に一時心酔したことについてはすでにふれておいた。厳格な清教徒的家庭の雰囲気の中で、神や死の問題について真剣にひとりで考えつめていた孤独なバートランド少年の満たされぬ憧憬がこの時期におけるかれのヘーゲルへの帰依のかくれた動機となっていたこともまた見のがせない。とにかく、大学卒業当時（一八九四年）のラッセルはすでに「半ばカント的、半ばヘーゲル的な形而上学に全面的に身をゆだねていた」〔*Ibid*. p. 38〕のであり、しかも時とともにヘーゲル的要素の比重は増して行った。

一八九六年、かれは雑誌〈マインド〉に《数と量との関係について》（'On the Relation of Number and Quantity'）と題する論文を発表したが、これはまったくヘーゲル弁証法そのものだったとかれ自身のちに述懐している。「クーチュラはこの論文を評して、『犀利な弁証法の小さな傑作』といってくれたが、現在の私から見ればこんなものはまったく反古同然としか思えない」〔*Ibid*. p. 41〕。「当時私は全面的なヘーゲリアンになっていて、諸科学の完全な弁証法を構築し、その最後のところで、すべての実在は心的《メンタル》なものであるということの証明をしてやろうともくろんでいた。私はヘーゲルの見解をうけ入れて、すべての個別科学はなんらかの抽象に立脚し、あらゆる抽象は早晩矛盾に逢着するものであるから、どの科学も全面的に正しいとはいえない、と信じていた。カントとヘーゲルとが見解をことにするばあい、私はいつもヘーゲルのほうにくみした」〔*Ibid.* p. 42〕。

ラッセルが諸科学の弁証法的な集大成を構想したのは、アラン・ウッドによれば、一八九五年三月のことであった。当時、新妻アリスをともなってベルリンに来ていた二二歳のラッセルは、雪どけのテイアガルテンを散策しながら、数学にはじまって次第次第に具体的な問題に説き及んで行く書物と、政治学および経済学にはじまって逆に次第に抽象的になって行く書物とを書くことによって理論と実践との両面にわたる完全な綜合体系をつくり上げる遠大な計画に突如として想到したという。ウッドはいう——「かれはこの種の本を書いた。しかし、かれはヘーゲリアンではなくなったから、終局的な綜合はついに生まれなかった」〔A. Wood, *B. Russell: The Passionate Sceptic*, p. 34〕。たしかに、当初かれが夢みたような一元的に閉ざされたヘーゲル的綜合体系構築の雄図はむなしく挫折した——というより、後年のラッセルにいわせれば、このような閉鎖的体系をつくることはとりもなおさず学問の自殺にほかならないのだが。しかし、二千万語に及ぶといわれるかれの全業績は青年ラッセルの六十数年前の大志がかならずしも単なる一場の夢ではなかったことをものがたってはいないであろうか。

さて、ヘーゲルの呪縛からの解放のきざしはすでに一八九八年ごろから次第にあらわれている。一八九八年の一月に書かれた《諸科学の弁証法の観念について》と題する未刊の覚え書きはまだあきらかにヘーゲル的発想法を踏襲している。ところが、この年のおわりごろには、ムーアとの相互的影響のもとに、ラッセルはようやくヘーゲル主義に疑惑の眼を向けはじめた。かれは、ムーアおよびかれ自身の転向を最初に公けに表明した論文として、当時〈マインド〉誌上に掲せられたムーアの《判断の性質》(The Nature of Judgement) という労作をあげている。ラッセルはそのころの心境についてつぎのように語っている。「一八九八年のうちに、いろいろな原因から私はカントからもヘーゲルからも離れるようになった。ヘーゲルの〈大論理学〉を読んで、私は数学についてかれが言っていることはすべて混乱したたわごと (muddleheaded nonsense) だと思った――そして今でもやはりそう思っている。

私は関係〔の実在性〕を否定するためにブラドレーが用いた論法に疑念を抱き、一元論の論理的根拠を疑うようになった。（中略）ブラドレーは常識的に存在すると信じられているものはすべて単なる外観〔appearance――「現象」と訳したほうがよいかもしれない〕にすぎないと説いた。われわれ〔すなわち、ラッセルとムーア〕は反対の極端にはしり、哲学や神学の影響を受けていない常識の立場から実在すると考えられているものはすべて実在するのだ、と考えた。牢獄から脱出するときのような気持で、われわれは遠慮なくいろいろと考えてみた――草は緑であり、日月星辰はたとえそれを認識する者がいなかったとしてもやはり実在するのであり、また、プラトンの考えたイデアの世界のように多元的で時間を超えた世界が存在するのだと。〔このように考えると〕それまで貧弱で論理的だった世界が急にゆたかで、変化にとみかつ充実したものに見えてきた。」〔Schilpp (ed.), *The Philosophy of B. Russell*, pp. 11―12〕

この引用からもわかるとおり、ヘーゲル主義を脱却したラッセルは、解放のよろこびのあまり、しばらくのあいだやや素朴な実在論に走ったばかりでなく、一時はプラトン流の実念論を信ずるようにさえなった。「……私はヘーゲリアンたちが否定したすべてのものの存在を信ずるようになった。このことは私に非常に充実した世界を与えてくれた。すべての数がプラトン風の天上界にずらりとならんでいる光景を私は頭にえがいた。（中略）私は主として動詞および前置詞の意味から成るところの一般者の世界（a world of universals）の存在を信じた」〔*My Philosophical Development*, p. 62〕。

プラトン流実念論の方向へのこの行きすぎは、しかし、間もなく是正された。というのは、その後の思索の過程において、ラツセルは「実体は必要以上にふやしてはならない」（Entia non sunt multiplicanda praeter necessitatem）といウオッカムの有名な格言（すなわち、いわゆる Occam's razor）にしたがって、必要な最少限度の数の実体のみを前提として世界を再構成するように努力しはじめたからである。この努力の最も重要な成果がかれの数の定義やいわゆる「記述の理論」などだったことはいうまでもない。

5 創造の時代 一九〇一―一九一〇

今世紀のはじめの十数年間はラッセルの一生を通じて最も充実した創造の時代であり、〈プリンキピア・マテマティカ〉（「数学原理」と訳すると、一九〇三年に出版された *Principles of*

Mathematics とまぎらわしいので、以下の叙述では原名をそのまま引用することにする）をはじめとして、論理学や数学基礎論の領域でかれの名を不朽にした業績の多くはこの時期に発表されている。まず、例によって、外面的な事件の発展を略述し、ついでかれの思想の展開を跡づけてみよう。

一九〇〇年七月のパリ国際会議でのペアーノとの邂逅についてはすでにのべたが、翌一九〇一年にラッセルはフレーゲ（Gottlob Frege 1848—1925）の書物〈概念表記法——算術の形式言語に範をとった純粋思考の形式言語〉（*Begriffsschrift, eine der arithmetischen nachgebildete Formelsprache des reinen Denkens*, 1879）をはじめて読み、多大の刺戟を受けた。かれは、ついで、フレーゲの大著〈算術の基礎〉（*Die Grundlagen der Arithmetik*, 1884）に接し、数学と論理との関係、数の定義などの問題について当時かれ自身が独自の方法で到達した結論に酷似した見解をフレーゲがこの本の中ですでに十数年前に展開していたことをはじめて知った。同じ一九〇一年の夏にかれはいわゆる「ラッセルのパラドックス」に逢着し、こうして数年間にわたる「知的悲哀」の時期がはじまる。一九〇〇年の末に一応書きおえられていた〈数学の原理〉の原稿は、相当の加筆・訂正を経て、一九〇三年に出版された。

この書物は、当初の予定では、上下二巻となって出るはずだったが、下巻は結局出ずじまいになった。というのは、下巻において企画されていた仕事が非常に難行し、かつ尨大な量にのぼったばかりでなく、ホワイトヘッドが協力者としてそれに参加したからである。こうして、〈数学の原理〉下巻のかわりに、約十年後三巻の大著としてようやく陽の眼を見たのが論理学史上、数学基礎論史上に一時期を劃したといわれる〈プリンキピア・マテマティカ〉（*Principia Mathematica*, 3 vols, 1910—1912-1913）であった。

〈プリンキピア〉のためのしごとはすでに一九〇〇年ごろからはじまっていたが、それから原稿が完成した一九一〇年までの十年間は極度に多忙な時期であった。ラッセルとホワイトヘッドとが〈プリンキピア〉完成のために注いだ精力はまったく想像を絶するものだったという。二人は、各部分について、それぞれ草稿を作って互いに他の草稿に手を入れた上、論議をかさね、あらゆる部分について少くとも三回検討を加えた。その結果、でき上った最終稿においては、二人の共著者の努力が渾然と融合し、どこまでがホワイトヘッドの業績で、どこからラッセルのしごとがはじまっているのかをきめることは困難だが、根本的なアイディアについてはラッセルが、記号的表現の技術についてはホワイトヘッドが、それぞれより多くを貢献したといわれている。

ラッセルは元来非常に几帳面な性格で、その毎日のスケジュールもカントに比すべき規律正しさによって貫ぬかれていたが、さすがのかれも〈プリンキピア〉執筆中だけはいそがしさに負けて日課表をくずしたほどだった。それほどの重労働の連続にもかかわらず、かれがこの間に多くの論文を発表したばかりでなく、後述のように政治的にも活動をつづけていたことは驚嘆に値いする。この時期（一九〇一―一九一〇）にラッセルが書いた約四〇編の論文のうち、特に重要なものは「記述の理論」をはじめて展開した《指示について》（'On Denoting,' *Mind*, New Series, v. XIV, 1905)、「真理の概念」についての一連の論文（このうちの若干は *Philosophical Essays*, Longmans, Green & Co., 1910 に収録されている)、および有名な《自由人の信仰》（The Free Man's Worship, 1902）などであろう。真理概念についての諸論文は、特に命題の真理性の基準をその実践的有用性に求めるプラグマティズムの真理論の批判を通じて、一種の模写説を唱えたものとして後年の著書〈意味と真理についての研究〉（*An Inquiry into Meaning and Truth*, 1940）の先駆をなす。また、《自由人の信仰》はラッセルの宇宙観・人生観の最も文学的な表現であり、かれの初期の散文のスタイルのよい見本である。ある人はラッセルとG・B・ショーをもって今世紀のイギリスにおける最大のプローズ・ライターだとしたが、《自由人の信仰》を読む人はこの見解が決して誇張でないことに同意するであろう。

一九〇五年、ラッセル夫妻は、かれと姻戚関係にあったギルバート・マレー（Gilbert Murray——有名な古典学者で一九〇八年から一九三六年までオックスフォードのギリシャ文学の教授）のすすめもあって、オックスフォードのすぐ近くにあるバグレー・ウッド（Bagley Wood）に移った。当時まだ飛ぶ鳥をおとす勢力を維持していたブラドレーはオックスフォードに多数の信奉者をもっていたが、ラッセルはこれらのヘーゲリアンと議論したばかりでなく、イギリスにおけるプラグマティズムのチャンピオンとして知られたシラー（F. C. S. Schiller, 1864—1937）とも接触する機会をえた。

一八九五年のドイツ訪問によってよびさまされたラッセルの政治への関心は、〈プリンキピア〉執筆中も一向おとろえなかった。青年時代にすでにはじまっていた初期のフェビアニストたち、特にウェブ夫妻およびG・B・ショー、との交遊は依然としてつづいていたが、このころになると、H・G・ウェルズもフェビアン協会に加わってきて、ラッセルと親交をむすんだ。ウェルズとラッセルとは親しい友人たちと共に「係数会」(The Coefficients——「協力してはたらく人々」という意味もかねて)という私的なグループを作って、政治上の諸問題を討議した。

一九〇七年、当時三五歳のラッセルは〈プリンキピア〉執筆のさなかに、ロンドンのウィンブルドン選挙区の下院補欠選挙に立候補した。かれは保守党の候補 Henry Chaplin に対抗して、「全国婦人選挙権協会連合会」(National Union of Women's Suffrage Societies)から正式に推されたが、自由党も事実上かれを強く後援した。それにもかかわらず、選挙の結果はラッセルの大敗におわった。三年後、一九一〇年三月の選挙のとき、かれは自由党の公認を得ようとしたが、無神論者だということが祟って、とうとう選にもれてしまった。

一九一〇年一〇月、ラッセルは母校ケンブリッヂのトリニティ・コレヂに「論理学および数学基礎論の講師」(Lecturer in Logic and the Principles of Mathematics)として迎えられ、年俸二一〇ポンドを受けることになった。これから、第一時大戦中の反戦運動によってその地位から追われるまで、ラッセルのケンブリッヂでの六年間の講師生活がはじまる。

6 ケンブリッヂ講師時代 一九一〇―一九一四

ラッセルがケンブリッヂに復帰した年に、ホワイトヘッドがこの大学を辞したが、そのかわり、翌一九一一年にはG・E・ムーアがやはり講師として母校にかえってきた。また、今世紀の哲学者中最大の奇人のひとりといわれるルードヴィヒ・ヴィットゲンシュタイン(Ludwig Wittgenstein, 1889—1951)が間もなくケンブリッヂの学生としてラッセルおよびムーアと接触するようになったことも、現代哲学史上ならびにラッセルの思想発展史上特筆すべき事件であった。ヴィットゲンシュタインは、その名の示すように、イギリス人ではなく、オーストリアの富裕なユダヤ系家庭に生まれ、航空工学の研究のためにイギリスに来ていた留学生だった。マンチェスター大学で研究している間に数学基礎論に興味をおぼえたかれは、ラッセルの名を耳にして、わざわざケンブリッヂに移ってかれの教えを請うた。ヴィットゲンシュタインの初期の主著であり博士論文である〈論理・哲学論考〉(*Tractatus Logico-Philosophicus*——これにはラッセルの筆になる長い序文がついている)はこの特異な思想家の比類ない独創性、するどい洞察と、理由づけなしに結論だけを託宣的に言い放つ神秘主義的な傾向との奇妙なとりあわせを示すものであるが、この書物が著者の師であるラッセル自身に対しても、またいわゆるヴィーン学団（Der Wiener Kreis）を中心とする初期の論理実証主義者たちに対しても、実に深甚な影響を与えたことはよく知られている。特に重要な点は論理というものの性質についてのかれの見解であった。「ヴィットゲンシュタインは論理はすべてトートロジーから成ると主張する。私はかれのこの説は正しいと思うが、私自身はこの点についてのかれの所論を読んではじめてこう思うようになった。」〔*My Philosophical Development*, p. 119〕とラッセル自身も言っている。ヴィットゲンシュタインはのちにG・E・ムーアのあとをついでケンブリッヂの哲学教授となり、イギリスの若い哲学者層につよい感化をおよぼし、今日のいわゆる「日常言語学派」の祖となった。しかし、日常言語の「治療的」（therapeutic）分析に重点をおくかれの晩年の発想法に対してはラッセルは次第に批判的となり、また、ヴィットゲンシュタインのほうもラッセルの後期の業績をさほど評価せず、このふたりは思想の面でも個人的感情の面でもあとではひどく疎遠になってしまった。

話しは多少前後するが、一九一〇年代のはじめのころのラッセルの哲学上の見解をやや体系的な形であらわしている重要な著作として、〈哲学の諸問題〉(*The Problems of Philosophy*, 1912)と〈外界の認識——哲学における科学的方法の応用領域としての〉(*Our Knowledge of the External World as a Field for Scientific Method in Philosophy*, 1914)とがあげられる。前者は、ギルバート・マレーのすすめにしたがって、〈ホーム・ユニヴァーシティ・ライブラリー〉叢書のひとつとして書かれたもので、平易・明快な叙述を特色とし、ラッセルの初期の思想を簡潔に表現しているが、この本でのべられている主張の少なからぬ部分はのちになって放棄または修正されるにいたった。たとえば、この書物では、論理の諸法則をもって事物自体の諸法則とみなす見解が採用されているが、ラッセルは間もなく、前記のヴィットゲンシュタインの影響のもとに、この点について根本的に立場をあらため、論理の諸法則は結局言語上のものであると考えるにいたった。〔Cf. *My Philosophical Development*, p. 102〕※また、この〈哲学の諸問題〉は、観念論に対する反動の結果、ラッセルが一時的に比較的素朴な形での実在論に傾いたことを示している点でも興味がふかい。この最後の点について、かれの思想の重要な転向を示す著作は数年後に書かれた〈外界の認識〉である。ラッセルは、一九一四年にハーヴァード大学の招きをうけて渡米し、同大学でロウエル記念講義（Lowell Lectures）を行なったが、そのときの講義案にもとづくこの書物は、序文にもあきらかなように、「哲学における論理分析的方法の性質・能力および限界を実例によって示そうとする試み」であり、そしてこの方法はラッセルによってはじめて世に紹介されたフレーゲによって創始された方法であった。この著作においてラッセルは、ホワイトヘッドから多くの示唆をうけつつ、われわれの知覚と物理学的な世界とをいかに架橋すべきかという問題、さらにひろく言えば観念論者と実在論者との伝統的な係争問題を、あらたな角度から解釈しようと企て、その結果、〈哲学の諸問題〉に見られる前記の実在論的な見解を修正して、物理的な対象を「論理的構成物」（logical construction）と見る有名な理論に到達した。

※ もっとも、〈数理哲学序説〉の一九二〇年版ではまだ旧説が維持されている。〔cf. Kurt Gödel, "Russell's Mathematical Logic," in Schilpp (ed.), *The Philosophy of B. Russell.*〕

ラッセルのロウエル記念講義は一九一四年の三月から四月にかけて行なわれたが、これと平行して、かれはまたやはりハーヴァードで記号論理学の講義をひきうけたが、その聴講者のなかにT・S・エリオットがいた。こうしてはじまったラッセルとエリオットとの交遊はエリオットがのちにイギリスに移住してからもつづいた。

ラッセルがアメリカから帰国して数ヶ月後に第一次大戦が勃発し、それを契機としてかれの思想と生活とは根本からの転回をとげる。大学卒業以来二〇年に及ぶ静かな、めぐまれた学究生活は戦争によって無残にも破壊され、象牙の塔を出たラッセルは好戦的な世論に抗して荊の道を歩むことになる。第一次大戦中のラッセルについて語る前に、しかし、ここでかれの家庭生活に起った変化について少しのべておこう。すでに一九〇二年ごろから、ラッセルとアリス夫人との仲には何かぎごちない気分が生じていた。はじめのうちは双方の自制によって表面をつくろうこともできたが、ついに一九一一年に二人は別居し、一九二一年には法律上も離婚する破目となった。

7 第一次大戦 一九一四―一九一八

「私の生涯は第一次大戦勃発の前と後という二つの時期にわかれる。この戦争は私から多くの偏見を振り落し、あらたに多くの基本問題について考えさせた」とラッセルはのちに回想している。勿論、すでに一八九五年にドイツに遊んでこの国の社会民主主義（マルクシズムをふくめて）の理論を学び、帰国後もウェブ夫妻やショーなどのフェビアニストと親交をむすんだばかりか、二度も国会に立候補したほどのかれのことであるから、純粋にアカデミックなしごとに没頭していたときですら、人間社会の問題はつねにかれの念頭をはなれなかった。けれども、大戦前のかれの社会思想は、一言でいえば、ヴィクトリア時代に特有なオプティミズムを、またその素朴な合理主義を基調とするものであった。しかし、サライエヴォー事件にはじまる四年の戦乱はラッセルの社会観を根本からゆりうごかし、自由、進歩、幸福、戦争の防止、というような問題に関するまったくあらたな角度からの思索をかれに強いることになった。だからといって、大戦の経験がラッセルを駆ってオプティミズムからペッシミズムへ、合理主義から非合理主義へと向かわしめたと考えることは正しくない。かれの勇敢な平和運動はペッシミズムとは原理上相容れないものであり、根本においてやはり一種のオプティミズムに、しかし安易な手放しの楽観論でなく、現実の大きな困難を直視した上での楽観論に、もとづくものであった。また、かれの合理主義は素朴な形態からもっと進んだ形態へと、すなわち、人間心理そのものの合理性の単純な想定から非合理的なもののものできるだけ合理的な解明および統制の主張へと、発展して行った。この意味でのオプティミズムと合理主義とは、ラッセルの九〇年にちかい全生涯を通じて、かれの社会思想を一貫して続べている二本のたていとであるといえよう。〔後出第二部1参照〕

大戦の初期にラッセルがもっとも意外に感じたことは、戦争という厭うべき事態に直面したイギリス人たちがむしろそれを享楽しているという事実であった。かれがこのことをロバート・トレヴェリアンに話すと、トレヴェリアンはバーナード・ハートという人の書いた〈狂気の心理学〉(*The Psychology of Insanity*)という本をすすめた。フロイドの精神分析の見地から書かれたこの書物はラッセルの人間観、社会観に深い影響を与えたと思われ、それ以後のかれの社会思想には人間心理における無意識的なもの、非合理的なものへの考慮がつねに払われるようになった。

第一次大戦におけるラッセルの平和運動は個人的な打算をまったく超越した、全人格的なものであった。「私は大戦中平和運動をやっていたときほど心をこめてまた思い惑うことなくしごとにうちこんだことは一度もなかった。そのときはじめて私は全身全霊をこめてやるべきしごとを見つけたのであった」〔Cf. Wood, *B. Russell*, p. 99〕とかれはのちに述懐している。

しかし、この反戦運動はやがて公私両面にわたってラッセルを苦境に追いこむことになる。アラン・ウッドがしばしば指摘しているように、ラッセルという人は自分の見解をつねに最も挑発《プロヴオカテイヴ》的な形でのべ、いわば喧嘩を買って出ることに生きがいを感じているようなところがあるが、知識階級をもふくめて大多数のイギリス人がカイザーのドイツに対する敵愾心にもえていたときに、ラッセルの挑発的な平和論がどんな効果を生んだかは容易に想像できる。ケンブリッジでも、かれの地位は次第に危うくなり、マクタガートをはじめ多くの先輩たちはかれに対して強い敵意をいだきはじめた。ラッセルは「徴兵反対同盟」（ＮＣＦ）という反戦団体の中心人物として活動していた（ちなみに、かれは当時四〇歳を越え、すでに徴兵年令からはずれていた）が、一九一六年にはこの団体が配布した「不穏な」文書の責任者として簡易裁判にかけられ、その結果、一〇〇ポンドの罰金を課せられた。この事件がきっかけとなり、かねてラッセルの言動をにがにがしく思っていたトリニティ・コレヂの当局はこの年の七月一一日にかれを講師の地位から正式に追放してしまった。愛する母校から見放されて、さすがに強気のラッセルも内心少なからず打撃を受けたらしいが、それにもかかわらず、以前に倍する熱意をもって反戦運動に精進した。この年に出版された〈社会再建の原理〉（*Principles of Social Reconstruction*, 1916）はそれまでにラッセルが行なった平和のための啓蒙講演にもとづくものである。「私がもし信心深かったなら神の声とでも呼んだであろうような」強い確信に支えられて、ラッセルは倦むところをしらずにみずからの所信を実践して行き、ついに、筆禍事件のために、一九一八年の五月には、裁判の結果ロンドンのブリクストン監獄に投ぜられることになった。ことのおこりはこの年の一月三日に出た上記NCFの機関紙にラッセルが寄稿した論文がイギリス政府当局と友邦アメリカの軍隊とを侮辱するものとして官憲の不興を買ったことにあった。裁判官サー・ジョン・ディッキンソンはラッセルに禁固六ヶ月の刑を宣告し、控訴審においてもこの判決が維持された。ブリクストン監獄での生活は、しかし、かれにとってそれほど不快なものではなかったらしく、四ヶ月半に及ぶ獄中生活のあいだにかれは有名な〈数理哲学序説〉（*An Introduction to Mathematical Philosophy*）を書き上げたり、ジョン・デュウィーの〈実験論理学論集〉のくわしい書評を草したりして、つねにかわらぬ健筆ぶりを発揮していた。かれは、また、獄中で相知った囚人たちを独得の好奇心と同情とをもって観察し、かれらは「つかまったことでわかるように、一般の水準よりも概して少し知能は劣っているが、道徳的には、四人以外の人にくらべて少しも劣っていないよう」だとの結論を下した。〔中村秀吉訳、〈自伝的回想〉、三六ページ〕一九一八年の九月、戦争の終結を目前にひかえて、ラッセルはようやく出獄を許され、一一月一一日午前一一時のあの歴史的な瞬間を街頭でむかえることができた。

監獄での生活は、何よりも、ラッセルに人間の自由の尊さを実感をもって体験させてくれた——そして、肉体の自由の剝奪によっても精神の自由は決して失われないことを。ウッドはラッセルが出獄直後に書いた文章の一部を引用しているが〔A. Wood, *B. Russell* p. 116〕、これを読む者はその文体の驚くべく新鮮な美しさと「自由人」ラッセルの真面目とに接することができよう。

8 物質と精神　一九一八—一九二〇

出獄後、ラッセルは、戦後のめまぐるしい世界情勢に対して絶えず敏感な反応を示しつつも、以前と同じように哲学の理論的な問題の解明へ没頭して行った。この時期のかれの思索の結果は〈精神の分析〉（*The Analysis of Mind*, 1921）となってあらわれる。この方面への仕事はすでに獄中で着手されていたが、出獄後、ラッセルの才能を高く評価する一群の友人が拠出した基金によって続行された。

〈精神の分析〉は、著者自身のことばによれば、当時の心理学（特に行動主義心理学）における「唯物論的な」傾向と物理学（特に相対性理論）における「反唯物論的な」傾向とをいかにして調和させることができるか、という問いに答えようとするかれの努力から生じた研究であった。この努力の過程において、ラッセルは伝統的な物心二元論（モリス・ヴァイツの研究によれば、かれは一九一四年ごろまでこの二元論を信奉していた〔Cf. Schilpp, *The Philosophy of B. Russell*, p. 64.〕）から次第にはなれ、ウィリヤム・ジェームズやアメリカの新実在論者の影響のもとに、いわゆる「中立一元論」（neutral monism）に接近して行く。中立一元論とは、要するに、物質と精神とを二元的に分けた上でそのいずれかの他に対する「本源性」を主張するところの唯物論および観念論（唯心論）とことなり、世界は物質とも精神ともつかない「中立的なもの」でできており、物質も精神もともにその構成物にすぎない、という考えかたである。また、この思想との関連においてもうひとつ重要な点は、感覚《センセーション》における主体と客体（対象）との区別をもラッセルが放棄しようとしたことであった。

〈精神の分析〉は七年前の〈外界の認識〉につづくラッセルの認識論上の主要著作としてかれの哲学の発展を知る上で大きな意義をもち、のちに〈意味および真理についての研究〉（一九四〇）および〈人間の知識〉（一九四八）にあらわれる晩年の思想の伏線を成している。この一連の認識論上の著作を一貫して流れているラッセル的アプローチの特色は、約言すれば、「オッカムのかみそり」（Occam's razor）とデカルトの懐疑との結合したものだともいえよう。すなわち、認識論におけるラッセルの根本的な関心は、いかにすれば必要な最小限度の数の実体のみを前提しつつ、最も疑う余地のないものを究極の素材として常識と科学の世界を構築しうるか、ということに向けられていたのであり、中立一元論への接近もこのような努力のひとつのあらわれであった。しかし、中立一元論を徹底させようとすると、知覚（感覚と区別された）、想像、記憶などに関して超え難い困難が生じ、どうしてもある程度までは二元論的な考えかたを再導入しなければならぬことをかれは次第にみとめざるをえなくなって来る。そして、このことにも、理論それ自体の整合性よりも理論の事実との合致を重視するラッセルのイギリス人らしい面目がよくあらわれている。

9　ロシヤと中国への旅行——学問と政治　一九二〇—一九二三

一九一七年一〇月にロシヤ革命が起り、ついでレーニンに指導されたボルシェヴィキが権力を掌握するにいたったとき、ラッセルは、他の多くのイギリス知識人に伍して、革命の成功に心からの拍手を送った。前世紀の末、まだ二十代の青年だったラッセルが二度にわたってドイツを訪問し、この国の社会主義を研究し、一八九六年には処女作品〈ドイツ社会民主主義論〉を世に問うたことについてはすでにのべた。この本の中で、かれは〈共産党宣言〉を口をきわめて激賞し、「古来の政治文献中最もすぐれたもののひとつ」であるとさえ言っている。かれのマルクシズムに対する評価は根本的にはきわめて高かったが、当時においてすら、かれはマルクス理論の中での若干の重要な部分、たとえば剰余価値説、極端な階級闘争理論、プロレタリアート独裁の思想など、に対しては率直な疑いを表明していた。しかし、かれの半ば生得的と思われる反骨精神・野党気質からか、またツァーリズムに虐げられた被搾取階級への同情からか、十月革命勃発当時のラッセルの熱狂は相当なものであった。当然、かれは革命の過程と成果とを自分の眼でたしかめる機会を待った。

この機会は間もなく到来した。一九二〇年五月、ラッセルはイギリス労働党代表団の非公式メンバーとして新生のソヴィエト・ロシヤを訪問することになる。ラッセルやのちに労働党の重鎮として活躍したクリフォード・アレン（Clifford Allen）などをふくむ一行は、五月一九日から約一ヵ月間、特別仕立ての列車でロシア各地を視察し、レーニンやトロツキーとも親しく会見した。トロツキーは意外なほどの好印象をかれに与えたが、レーニンの印象はあまり芳ばしくなかった。「……私の第一印象は狂信と蒙古的残酷さの印象だった。農業における社会主義について私が質問したところ、レーニンはかつて自分が貧農を煽動して富農に反抗させた経験をさも愉快そうに話し、『そうしたら、貧農どもは富農の奴らを早速手近かな木にぶらさげて殺しおった、ハ、ハ、ハ』と語った」〔*Unpopular Essays*, p. 219〕。かれの人に接する態度は到底一国の最高責任者にふさわしからぬものだったし、イギリスのような国情のもとにおいても平和的革命の可能性を頭から否定するその見解はラッセルをいたく失望させた。

短い訪問旅行ではあったが、ラッセルは革命直後のロシヤ社会の明暗両面をめざとく観察した。極度の物質的窮乏にもかかわらず維持されている秩序と道徳水準、指導者層に見られる新社会建設への献身が一方にあるかと思えば、それと表裏一体をなして、あくなき権力欲、旧ツアーリズム体制と根本的にはかわらぬ圧制、そして冷酷な狂信の支配をかれは否応なしに感じ取った。「一九二〇年にロシアを訪問したとき、私はそこに自分の哲学とひどく違った哲学、憎悪と専制的権力に基礎づけられた哲学を見出した。(中略)モスクワで解釈されているマルクス主義哲学には、二つの大きな誤り——一つは理論に、一つは感じ方にかんして——がみられる。理論上の誤りは、他人に及ぼす権力のうち最も望ましくないのは経済的権力で、これは所有ということと同じだという信念である。(中略)そのため、国家が唯一の資本家になれば搾取や抑圧は消失するはずだと想定され、この結果、以前には個人の資本家たちのもっていた抑圧力を、のこらず公務員にあたえることになってしまうことを悟っていない。もう一つの誤りは、感じ方に関係しているが、よき事態は憎悪を推進力とする運動によって実現されうると思っていることにある。主として資本家や土地所有者への憎悪によってかりたてられた人たちは憎悪の習慣を身につけており、勝利をえてからも新しい憎悪の対象を探し求めるようになる。（中略）私は、レーニンや彼の初期の仲間たちが人類のために尽そうと思って行動したことを確信してはいるが、心理学や政治理論での誤りのために、天国の代りに地獄を創ったのだと思う。このことは、よき結果が人間関係の組織のうちに達成されるためには、正しい思考と正しい感情とが必要だという、私にとってきわめて重要な実物教育だった」〔〈自伝的回想〉、中村秀吉訳、四〇―四一ページ〕。以上のように、後年ラッセルは当時の所感をまとめているが、この旅行の直接の成果はこの年に出版された〈ボルシェヴィズムの実践と理論〉（*The Practice and Theory of Bolshevism*, 1920）としてのこされている。〈ドイツ社会民主主義論〉で、青年ラッセルは暴力革命やその後に来る「プロレタリアート独裁」に関するマルクス理論が実践において伴うべきさまざまな弊害を予見しつつも、よりよい社会建設のためにはそれも正当化されるかも知れないという感じを留保していたが、二十数年後の体験はこの点についてははるかに悲観的な結論をかれに強制した。共産主義の究極の理想には深く共鳴しつつも、現実の共産主義者の行動に見られるメシア的狂信、信条への忠誠のためには個人の幸福をもかえりみないその宗教的偏執に、生れながらの懐疑家ラッセルは本能的な危惧を禁じえなかった。しかし、このような不信と危惧にもかかわらず、当時のロシアの国情においては、ボルシェヴィストの行き方がおそらく不可避であったということをラッセルがみとめている点は注目に値する。

当然のことながら、〈ボルシェヴィズムの実践と理論〉はイギリスの社会主義者たちの間では甚だしく不評であった。熱烈な革命礼讃をラッセルから期待していた多くの友人たちはかれの忌憚ない批判を許すべからざる裏切りと感じ、次第にかれから離れて行ったが、この孤独のさなかにあってラッセルを力づけてくれた一人の女性があった。のちにかれの二番目の妻となったドーラ・ブラック（Dora Black）である。

ロシア旅行からかえると間もなく、ラッセルはドーラを伴なって中国を訪れ、約一年間を講義のために北京で過すことになる。北京では、急性肺炎のために危うく一命を落しそうになったこともあったが、かれは例によってあらゆる余暇を利用してこの古い文化の国から新しい知識を吸収し、途中日本に立ち寄ってイギリスに帰った。この旅行の収穫が〈中国の問題〉（*The Problem of China*, 1922）であるが、この書物の中でかれが当時の日本の状態に言及しているのは興味ふかい。帰国後、すでに永らく別居していた最初の妻アリスと正式に離婚したかれは、ドーラと結婚してチェルシーに居をかまえ、著作のかたわら政治の面でも積極的に活動し、一九二二年と一九二三年の二回にわたり、労働党候補として下院の選挙に出馬し、保守党のホーア卿（Samuel Hoare）と議席を争ったが、保守党の金城湯池として聞えたチェルシーではやはり分が悪く、二度とも落選した。

かれの父アンバーレー子爵と同じく、ラッセルは実際政治家としてほとんど致命的な欠点を持っていた――実はそれが同時に理論家・哲学者としてのかれの大きな長所となっているのであるが。それはかれの徹底した知的卒直さであり、真理への妥協のない忠実さである。本当のことは、たとえそれが自分の抱懐する理想や抱負や願望にとって不利なものであっても、真理として卒直に認めざるをえない性質、これこそラッセルをして今世紀最大の哲学者たらしめた要素のひとつであると同時に、かれを第一次大戦以来現在にいたるまでいくたびとなく公私の生活において苦境に立たせ、名状しがたい孤独感に追い込んだところの原因ともなったのである〔第二部1参照〕。

10　平穏な学究生活　一九二三―一九三九

一九二三年の選挙に敗れて以来、政治に対しては依然として深い関心を寄せつつも、ラッセルはみずから実際政治に参画することを断念し、著作や講演によって身を立てる学究生活に入った。但し、学究生活といっても、普通のばあいと違って、一九一六年にトリニティ・コレヂ講師の職を免ぜられ、母校ケンブリッヂから追われて以来、かれはずっと野に在っていわばフリーランサーとして、もっぱら印税や稿料や講演の謝礼に収入の源を仰がねばならなかった。一九二〇年代のかれの著作の中に、〈原子への手引〉(*The ABC of Atoms*, 1923)、〈相対性理論への手引〉(*The ABC of Relativity*, 1925) などのようにポピュラーな科学入門書が散見するのはこの間の事情をものがたっている。この種の書物はラッセルの学界へのオリジナルな貢献とはいえないにせよ、自然科学の最新の業績についてのおどろくべく広くかつ深い知識と、本来はむずかしいことがらを、その内容を卑俗化し歪曲することなく、平明・流麗な筆致で表現する異常な才能とを兼備するかれにしてはじめて世に問いうる労作であり、一般教養人士の間に広汎な読者を獲得した。特に、〈相対性理論への手引〉はこの理論についての最もわかりやすい解説のひとつとして今日でもひろく読まれている。

一九二三年ごろから第二次世界大戦の勃発までの約一五年間は、ラッセルにしては内面的にも外面的にも比較的平穏な時期であった。勿論、この間には、後述のビーコン・ヒル実験学校の経験や数度にわたるアメリカでの講演旅行が介在するが、両大戦にはさまれたこの時代に、量的に見て、かれの著作活動は最高潮に達し、哲学の領域では〈物質の分析〉（*The Analysis of Matter*, 1927）、〈哲学概論〉（*An Outline of Philosophy*, 1927）などが出たばかりでなく、社会理論においては〈産業文明の将来〉（*The Prospects of Industrial Civilization*, 1923）、〈自由と組織〉（*Freedom and Organization, 1814—1914*, 1934）、〈権力論〉（*Power : A New Social Analysis*, 1938）などが、科学論としては、原子と相対論に関する前記の二著のほか、〈科学的なものの見かた〉（*The Scientific Outlook*, 1931）、〈宗教と科学〉（*Religion and Science*, 1935）などが出たばかりでなく、比較的小さな出版物や雑誌論文、書評、大英百科辞典への寄稿などをも入れると実に尨大な量の著作がかれのペンから産まれた。特に注目すべき点は、この時期のラッセルが教育の諸問題および男女関係の倫理について独自の、そして当時としては全く型やぶりの見解を世に問うていることであろう。

以下、哲学、社会理論、科学論、教育理論の順で、この時期のラッセルの思想の展開を略述することにしよう。

この時期に書かれた哲学上の労作として最も重要な〈物質の分析〉は四〇〇ページを越える大著であるが、全体がつぎのように三部にわかれている。第一部「物理学の論理分析」、第二部「物理学と知覚」、第三部「物理学的世界の構造」。このきわめて難解でテクニカルな書物は、〈外界の認識〉(一九一四)において著者がとりくんだ諸問題、特に物理学の扱う諸対象とわれわれの知覚の世界とをいかにして架橋し、後者のデータを材料として前者を構成することができるかという問題、に関する一層詳細な論考であり、晩年の〈人間の知識〉(一九四八)への伏線を成すものとして大きな意義をもつ。同じく一九二七年に出た〈哲学概論〉の方はこれにくらべるとずっとわかりやすい入門書で、第一部「外から見た人間」、第二部「物理的世界」、第三部「内から見た人間」、第四部「宇宙」という構成になっており、ここでも(〈外界の認識〉のばあいと同じように)著者は、物理学と心理学との最新の成果を縦横に援用しつつ、両者の関係にあらたな分析の光をあてようとする。

社会理論の分野では、〈自由と組織　一八一四―一九一四〉および〈権力論〉がこの時期の最大の収穫とみなされる。前者は主として歴史的な労作で、第一部「正統性の諸原理」、第二部

「精神史」（A　社会的背景、B　哲学上の急進主義者たち、C　社会主義）、第三部「アメリカにおける民主政治と金権政治」とから成る。特に、第二部の後半では、マルサス、ベンタム、ジエームズ・ミル、リカルド、オウエン、マルクス、エンゲルスなどがあつかわれ、思想史として見ても興味がある。著者によれば、歴史の進行を支配する力は、決して唯物史観がいうように一元的なものではなく、複雑な、多元的な諸因子の複合体であり、それらは㈠　経済技術、㈡　政治理論、㈢　重要な個人、に大別されうるという。〈権力論――新しい社会的分析〉は「権力《パワー》」という概念を中心として社会の諸問題を分析しようというラッセルの野心的な著書である。「この本の中で、私は、『エネルギー』が物理学の基本概念であるのと同じ意味において、社会科学においては『権力』が基本概念であるということを証明してみたいと思う。エネルギーと同じく、権力も多くの形態をもつ――たとえば、富、軍備、国家権威、世論への影響力などのような。このうちのいずれかひとつの形態が他の形態に従属するものと考えることはできないし、また、ひとつの形態から他の諸形態が派生するわけでもない。権力の特定の一形態――たとえば、富――をほかのものからきりはなして扱おうとする試みは単に部分的に功を奏するにすぎない――あたかもエネルギーの特定の一形態の研究が、他の諸形態をもあわせて考慮に入れぬかぎり、ある点で破綻を示すように」〔*Power : A New Social Analysis*, pp. 10—11〕。こうして、〈権力論〉においても、前記の〈自由と組織〉のばあいと同様に、一元的史観に代えて多元的な考察態度が唱導される。

つぎに、科学論の領域では、まず〈科学的なものの見かた〉が特にわれわれの注目をひく。このどちらかといえば啓蒙的な書物は、第一部「科学的知識」、第二部「科学的技術」、第三部「科学的社会」から成るが、後年の〈科学の社会への影響〉（一九五一）とならんで、ラッセルの科学観と近代科学の成果の社会的な意義についての見解とをきわめて明快な、リーダブルな文章で展開した本として重要である。著者は、まず、科学の方法の特徴が個々の事実の観察から帰納によって一般的仮説をつくり、そこから演繹的操作によって仮説の検証や予言を行なうところにあることを指摘し、歴史的に見て、このような方法はギリシャ精神とは縁遠く、近世になってからガリレオによってはじめて完成されたものであると説く。ついで、ラッセルは、産業革命以後の発展においてめざましく表われている科学技術の実践への応用の成果について語り、最後に、この方向への将来の発展が「科学的な社会」、すなわち、科学の方法に則って自覚的に計画された社会、そして、物理的な諸科学だけでなく、生物学、生理学、心理学、社会科学の方法や成果が意識的に活用されるような社会、の構図をえがく。科学論に関するこの時期のもうひとつの重要な収穫は〈ホーム・ユニヴァーシティ・ライブラリー〉の一巻として書かれた〈宗教と科学〉であろう。コペルニクス、ガリレオ、ダーウィンなどの例を援用しつつ、著者は宗教的なドグマがいかに真理の自由な探求を、そしてひいては人間の幸福への道を、はばんできたかを説明し、現代においても（すなわち一九三五年当時）ヒトラーやスターリンの下での不寛容の体制が科学の進歩を危うくしていることを指摘する。「新しい真理は、特に権力の座にあるひとびとにとっては、しばしば耳ざわりである。しかし、残虐と狂信の永い歴史の中で、新しい真理こそ人類という知性ある、しかし気まぐれな生物がなしとげてきた最も重要なことである」とラッセルはむすんでいる。啓蒙書ではあるが、宇宙の目的論的解釈（これをかれは theistic な理論、pantheistic な理論、いわゆる“emergence”理論の三形態に分ける）に対する実に犀利な批判や「科学と倫理」についてのかれ自身の見解の簡明なステートメントをふくみ、ラッセルの哲学を理解する上で恰好な文献である。

教育理論に関しては〈教育論〉（*On Education Especially in Early Childhood*, 1926）お

よび〈教育と社会秩序〉（*Education and Social Order*, 1932）がある。この両著はともに教育の全領域にわたって多くの問題を扱っており、特に、市民としての人間形成と個人としての人間形成との対比において後者に重心をおいている点で、個人主義者ラッセルの面目をよくあらわしている。

この時期のラッセルについて特筆すべきことは、かれが、ドーラ夫人とともに、自分の教育理論を実地にテストして見るために、ハーティングというところにあった兄フランクの所有にかかる建物を利用して、ビーコンヒル・スクール（Beacon Hill School）という実験学校を開設した（一九二七）ことであろう。この学校は、経営上の困難と夫妻間の家庭的な事情のために世俗的な意味では失敗におわったけれども、ラッセル自身は幼児の行動を直接に観察する機会を得て、教育理論はもとより、心理学、言語理論などの面でも、大きな収穫をおさめたと思われる。

ラッセルは一九三五年ドーラ夫人と正式に離婚し、翌一九三六年、それまで私設の研究助手をしていたパトリシア・スペンスと結婚したが、このことによって、かれ自身はビーコンヒル・スクールからは縁を切ることになった。この三度目の結婚後間もなく、ラッセルは新夫人パトリシアを伴なってオックスフォード近郊のキドリングトン（Kidlington）に居を移し、そこで一九三七年には男児が生れた。翌一九三八年にオックスフォードで「言語と事実」と題する連続講義を行なったのち、ラッセル夫妻はアメリカに渡り、一九三八―三九の学年（アメリカの各大学のアカデミック・イヤーは九月にはじまって六月におわる）をシカゴ大学で、ついで一九三九―四〇の学年をロス・アンヂェルスのカリフォルニア大学ですごすことになる。この一連の講義や演習はいずれも大学院学生を対象とした専門的なもので、その成果がのちに出版された〈意味と真理の研究〉（*An Inquiry into Meaning and Truth*, 1940）の重要な足がかりを提供することになったわけであるが、こうしてイギリスを離れたラッセルは第二次大戦の勃発をアメリカで迎え、一九四四年のはじめに、ケンブリッヂの招きで、戦乱のさなかの祖国にかえるまでの約五年間をこの国ですごすことになる。

11　第二次大戦　一九三九―一九四五

第一次世界大戦がラッセルの全生活・全人格を根本からゆり動かしたことについてはすで

にのべたが、第二次大戦もすでに七〇歳に近くなった老哲学者の身辺に少なからぬ波瀾をまきおこした。しかし、十数年前、ブリクストン刑務所の監房の中で〈数理哲学序説〉を書き上げ、さらに〈精神の分析〉の執筆をはじめていたかれにとっては、どのような苦難もかえってその超人的な研究活動の刺戟となるばかりであった。あのモニュメンタルな大著〈西洋哲学史〉や〈意味と真理についての研究〉などが第二次大戦中のかれの倦むことを知らぬ探究の成果であるが、まず、ラッセルの身辺におこった外面的な事件を略記することにしよう。

ラッセルは、既述のように、一九三八—三九学年をシカゴ大学で過し、大学院学生のために言語分析をめぐる諸問題についてのセミナーを主宰した。周知のように、シカゴ大学は、三十代で総長となった有名な敏腕家ハッチンスの思い切った改革（たとえば、かれはアメリカの大学ではどこでも神聖視されているフットボールをやめさせてしまった）の結果、当時のアメリカ大学の中では異彩を放っており、特にヨーロッパからの亡命学者を優遇することによって、アメリカ学界、ひいては世界の学問のために実に多くを寄与してきた。原子爆弾の父といわれるイタリヤのエンリーコ・フェルミがその研究の重要な局面をこの大学でなしとげたことはよく知られているし、また、哲学の領域では、現代論理経験主義の初期の中核を成していたヴィーン学団（Wiener Kreis）に属するひとびとが亡命後はシカゴをその本拠とし、「ヴィーン・シカゴ学団」とよばれるようになったこともわれわれの記憶にあらたなところである。現に、この大学におけるラッセルの演習にはヴィーン学派の中心人物として著名なカルナプ（Rudolf Carnap）がよく顔を出していたし、また、プラグマティズムから出発して論理経験主義に接近して行ったアメリカの学者モリス（Charles Morris）もときおり姿を見せたという。

一九三九―四〇学年には、当初の予定どおりロス・アンヂェルスのカリフォルニア大学でやはり言語分析をテーマとする演習を了えたラッセルは、一九四〇年の秋にはハーヴァード大学へ招かれてウィリヤム・ジェームズ記念講義を行なうことになっていた。ところが、この年、かれがまだロス・アンヂェルスに滞在しているうちに、思いがけぬ事件がもち上ってしまった。「バートランド・ラッセル事件」としてのちに有名になった紛争がそれである。

一九四〇年二月、ラッセルはニューヨーク市立大学（The College of the City of New York）からの公式の招きに応じ、翌一九四一年の二月一日から一九四二年の六月三〇日までの期間、同大学哲学科の教授に就任し、論理学、数学基礎論、科学方法論などを中心とする講義を担当することを承諾した。この大学の哲学科では、ちょうどモリス・コーエン（Morris Raphael Cohen 1880―1947 論理学者・法哲学者として特に著名）やオーヴァーストリート（Harry Overstreet）などの長老教授が退職して空席が生じたために、だれかすぐれた哲学者を招くべきだとの議がおこり、関係者全員が一致してラッセルを迎えることにきまり、ラッセルも、ハーヴァードでの予定を了えたのちにニューヨークに行くつもりであった。正式の発令は二月の下旬になされ、同時に、ニューヨーク市立大学の学長代理だったミードは新聞に声明を発表し、ラッセル卿のような世界有数の哲学者を迎えるのは同大学として稀有の名誉であるとのべた。

ところが、この任命が公けにされるとすぐに、露骨な反対運動の火の手が上った。その口火を切ったのはマニングというプロテスタントのビショップであったが、この人はニューヨークのあらゆる新聞に投稿してラッセルが宗教や道徳を破壊する背徳漢であることを力説し、任命の撤回を要求した。火の手はたちまち燃えひろがり、カトリックもプロテスタントもふくめてほとんどあらゆる宗教紙やハースト系の各紙は異口同音にラッセルが青少年を腐敗させる反道徳思想の鼓吹者であり、共産主義者であり、かつ「非アメリカ人」であることを喧伝し、このような人物を軽卒にも任命した大学当局およびニューヨーク市の高等教育委員会の不見識をはげしく攻撃した。

勿論、ラッセルを弁護する声もこの非難のコーラスにおとらぬほどの盛り上りを示した。シカゴ大学のハッチンス総長、カリフォルニア大学のスプラウル総長、哲学関係の諸学会やアメリカの大学教授連盟の責任者たち、また、個人としてはジョンズホプキンズ大学のラヴジョイ教授、ハーヴァードのシュレージンガー教授などがラッセルを支持し、アメリカにおける大学の自由を守るために立ち上ったし、またホワイトヘッド（当時かれはハーヴァードの教授であった）、ジョン・デューウィ、アルバート・アインシュタインなどのように世界的に著名なひとびともラッセルの任命を全面的に支持した。「古来、偉大な精神はつねに凡庸の徒からはげしい反対を受けてきた。旧来の偏見に無定見に屈することなく、自己の知性を正直にかつ勇敢に行使する人を理解することは凡庸の徒には不可能なのである」とは、このときのアインシュタインのことばである。シドニー・フックを委員長とする文化自由委員会（Committee for Cultural Freedom）もラッセル支持を表明したし、さらに、宗教家の中でもかれの任命を是とする人は決して少なくなかった。騒動の中心地、ニューヨーク市立大学では、学生も教授も学園の自治的決定に対する外からの宗教的・政治的干渉に対してつよく反撥し、なかでも、ラッセルの前任者となるべきモリス・コーエン教授はラッセルをソクラテスにたとえ、もし任命が取り消されるようなことがあれば、ニューヨークは、ちょうどソクラテスを不当に処遇したアテネのばあいのように、名声をきずつけられることになるであろうと語ったといわれる。

このような賛否両論が渦まく中で、三月一八日、市の高等教育委員会の会合で、この案件が再審議され、投票の結果、一一対七で任命が支持された。しかし、この決定は、事件を落着させるどころか、かえって反対運動に油を注ぐ結果になり、反対者たちはあらゆる手段をつくしてラッセルの就任を阻止しようと奔走した。こうした反対運動の中で、結局効を奏したのはブルックリンに住むジーン・ケイ夫人という無名の主婦が、納税者の資格で、ニューヨーク州最高裁判所に対して行なった訴訟であった。（被告は、ラッセル本人ではなく、市の高等教育委員会であった。）法廷ではゴールドスタインという弁護士が原告ケイ夫人の訴訟代理人となり、マクギーン（J. McGeehan）という判事がこの事件を担当することとなった。

三月三〇日、いよいよ歴史的な判決が下されることとなった。マクギーン判事は、「自然法」や「神の法」を援用しつつ、高等教育委員会の決定をもって「ニューヨーク市の住民への侮辱」であるとなし、この決定の撤回を宣言した。同判事は、ラッセルの任命を取り消すにいたった理由としてつぎの三つをあげた。第一にラッセルはアメリカ人でなく、第二にかれは任命の条件としての競争試験を受けておらず、第三にかれの著書は不道徳で猥褻な見解に充ちている、というのである。

この判決は、いうまでもなく、ラッセルの支持者たちを憤激させると同時に、反対派を狂喜させた。ラッセル自身はこの訴訟の正規の当事者でなかったため、歪曲された事実にもとづく不当な非難に対して法廷で弁明する機会を一度も与えられず、判決が下されてのちに、みずから弁護士をやとって上訴その他の救済手段をとろうとしたが、煩瑣な法律技術上の障碍のために、それも結局徒労におわり、かれのニューヨーク市立大学哲学科への任命はこうしてついに立ち消えとなった。

「バートランド・ラッセル事件」とよばれるこの事件は、ラッセル個人の問題をはなれて、法律的・社会的に見ても実に多くの重要な論点をふくんでいる。特に、大学における研究・

教育の自由という見地からは、大学当局の自治が外部の政治勢力によって容赦なくふみにじられたケースとして、アメリカ教育行政史上拭うことのできない汚点をのこしたものといわれる。しかし、ここでは、この事件のインパーソナルな意義の検討は割愛して、もっぱらラッセル個人の面から問題をながめて見よう。

この事件において、マクギーン判事や反対派のひとびとがラッセルに加えた道徳的非難は、大部分、かれの見解の誤解または歪曲にもとづくものだったことは、ポール・エドワーズ教授がくわしく論じているとおりである。既成宗教のドグマや因習・伝統に対するラッセルの忌憚ない批判が清教徒精神の根づよく残っているアメリカ社会の「識者」たちをいたく刺戟したことが、このような誤解や歪曲を招く原因となったことはあきらかであるが、この点についてはラッセル自身にも若干の責任がないわけではない。すでに記しておいたように、ラッセルには、若いころから、自分の独特の見解をおよそ考えうるかぎり最も挑発的なしかたで表現する傾向があり、それが一面では偶像破壊者としてのかれの魅力の要素となると同時に、他面では、必要以上に相手を刺戟し、無用の敵をつくる結果となったことも否定できない。第一次大戦中のきびしい体験や今度の事件は、この意味で、決してかれにとって意外な災厄ではなかったであろうと思われる。さきに引用したアインシュタインのことばが暗示しているように、世に先んじて孤高の道をえらぶ者は当然迫害を覚悟せねばならないが、この事件をソクラテスの受難に比したモリス・コーエンのことばは、ラッセルの哲学者としての器量から見ても、あながち誇張とはいえない。しかし、あくまできまじめで聖者の風格をそなえていたソクラテスと、どちらかといえばメフィスト的なラッセルとをならべて考えることはいささかぴったりしない感じがする。この事件に似た例を強いて歴史上に求めるならば、紀元前二世紀の中葉にアテネの文化使節としてローマを訪ずれ、ローマの青年たちに「破壊的」な思想を鼓吹して、頑迷固陋な保守主義者だった大カトーの不興を買い、とうとうギリシヤに追いかえされたカルネアデスの故事などがそれに当るであろうか。

ハーヴァード大学当局は、この不測の事態の発展にもかかわらず、予定どおり一九四〇年の秋にラッセルを招いたので、かれはロス・アンヂェルスからマサチューセッツ州のケンブリッヂに直行し、ここでウィリヤム・ジェームズ記念講義を行なったが、この講義の草稿が〈意味と真理についての研究〉としてこの年に出版された。

〈意味と真理の研究〉(一九四〇)は、ラッセルの主著のうちで、言語をめぐる認識論の諸問題の解明にもっぱら向けられた唯一の労作であり、また、認識論のこの側面に関しては、〈精神の分析〉(一九二一)のあとをうけて〈人間の知識〉(一九四八)へとみちびく重要な文献である。言語に対するラッセルの関心はごく早い時期から認められるが、特にかれが、哲学上の問題として、言語と事実との関係というテーマに心をひかれるようになったのは第一次大戦直後のことと思われる。「この問題〔すなわち、言語と事実との関係の問題〕は私が興味をもつようになる以前にいろいろな人によってすでに論ぜられていた。ウェルビー夫人もこれについて本を著わしていたし、F・C・S・シラーもつねにこの問題の重要性を力説していた。しかし、〔一九一七年ごろまでは〕私は言語というものを何か透明なものと考えていた――つまり、別にそれに注意を払わなくても用いることのできる媒体だと思っていた。シンタックスに関しては、この見解が妥当でないことは、数学的論理学の分野で生ずる各種の矛盾によって、私に否応なしにはっきりしてきた。また、語彙に関しても、認識の行動論的な説明がどの程度まで可能であるかを検討しているうちに、私は言語上の諸問題に気がついた。このふたつの理由から、私は認識論の言語的な諸側面を以前よりもずっと重視するようになった。しかし、言語を自律的な一領域（an autonomous province）としてあつかう人人に対しては全然共鳴を感じえなかった」〔*My Philosophical Development*, p. 14〕。一九一九年アリストテレス協会雑誌（Proceedings of Aristotelian Society）に掲載された《命題について》（*On Propositions: What They Are and How They Mean*）は言語、意味、真理などの問題についてのラッセルの初期の見解を伝える重要な文献であるが、この論文においてかれがすでに行動心理学の見地を意味の問題との関連でとり入れていること、真理を論ずるに当って命題そのものよりは belief を中心として考察を加えようとしていること、また、真理概念について一種の模写説を主張していること、などが注目される。この論文で示された意味・真理への関心はさらに〈精神の分析〉（一九二一）にうけつがれ（同書第一〇講「ことばと意味」、第一二講「belief」、第一三講「真偽」など）、ついで一九二七年に出た〈哲学概論〉においても再び展開されている（同書第四章「言語」、第二四章「真偽」）。

二十数年に及ぶこの長い思索のあとで書かれ、また、カルナプやモリスをふくむ学者や学生との活潑な応酬を経てまとめられた〈意味と真理の研究〉には、論理学上の劃期的な業績によってヴィーン学団やヴィットゲンシュタインの思想の形成に多くを寄与し、のちにこれらの学者から逆に刺戟を受けたラッセルのたゆまぬ精進のあとがはっきりとあらわれている。当時すでに六八歳に達し、当代随一の哲学者として確乎とした名声をえていたかれが、ヴィットゲンシュタイン、カルナプばかりでなく、まだ三十代のエイヤーなどからもたえず影響を受けてきたことは、自己の立場を独断的に固定せずに、あたらしい資料や理論を進んで摂取して行くかれの精神の若さと柔軟さとをものがたる証左といえよう。論理実証主義者たちの個々の主張に対してはこの書物の中においてもしばしば忌憚ない批判が加えられているが、全巻を通ずる考察の方法そのものが根本的に論理実証主義の方法に近いことは、ラッセル自身も序文でみとめている。「……方法に関しては、私は現代の他のどの学派よりも論理実証主義者たちに共鳴する」〔p. 7〕。〔後出第二部7参照〕

この書物で、ラッセルは言語というものを、㈠「ある命題の真理性の経験的証拠」とは何のことか、および㈡このような証拠がときに存在するという事実から何が推論されうるか、というふたつの主要問題との関連において考察しようとし〔cf. p. 11〕、この考察の過程において、〈ことば〉、〈文章〉、〈命題〉、などの基本概念を定義し、論理実証主義者たちによって提起された「プロトコル命題」(Protokollsatz——ラッセルはこれを basic proposition とよぶ）についての諸問題を検討し、真理と検証をめぐる各種の困難と正面からとりくんでいる。この書物の最後の章は「言語と形而上学」と題され、言語のシンタックスの研究を通じて世界の構造を認識することが一般にどの程度可能かという問題があつかわれているが、この点についてのラッセルの立場は論理実証主義者ほど唯名論的ではなく、言語の研究によって言語外の世界の認識をうることも相当な程度まで可能であると結論している。

上述のようにニューヨーク市立大学哲学科教授としての就任をはばまれたラッセルは、「意味と真理」に関する歴史的なウィリヤム・ジェームズ記念講義を了えてハーヴァードを去るや否や、早速失業のうきめを見ることとなる（一九四一年夏）。いわゆる「ラッセル事件」をめぐって、かれの倫理思想（特に婚姻観）、私生活その他について新聞雑誌があることないことを無責任に書き立て、この七〇歳に近い哲学者を悪意にみちたゴシップの対象にしてしまったため、アメリカの大学はどこもラッセルに地位を提供しようとしなかった。しかし、幸いなことに、かれは間もなくバーンズ博士（Dr. Albert Barnes）という一富豪の主宰するバーンズ財団から哲学史の講義を委嘱され、財政上の危機を一応脱することができ、パトリシア夫人と三人の子供をつれて、同財団の所在地であるフィラデルフィア近郊に居を移すことになった。しかし、それから二年もたたぬうちに（一九四三年一月）、バーンズはかれを突然解任し、ラッセル一家は再び財政上の不安に直面することになる。バーンズ財団との関係はラッセルにとってあまり愉快でない結末になったが、後世の読者はラッセルに哲学史の講義を委嘱した同財団に感謝せねばならない。というのは、ほかでもない、この講義が母胎となって大著〈西洋哲学史〉が生まれたからである。

〈西洋哲学史〉（*A History of Western Philosophy and its Connection with Political and Social Circumstances from the Earliest Times to the Present Day*, London, 1946）は、その副題が示すように、歴代哲学者の学説を、孤立したものとしてではなく、その時代の社会的背景のもとで綜合的に理解しようとする試みであり、ロンドンのアレン・アンド・アンウィン版で九〇〇ページを越える大著となった。原稿の作製に当っては、パトリシア夫人が手助けをしたが、夫人は資料となるべき原典を集めるのに大変な苦労をしたという。いかに夫人の献身的な協力があったとは言え、わずか数年のあいだに、しかも異郷で上述のような逆境に身をおきながら、尨大な資料をこなしてこれだけの大冊をものにしたラッセルの精力と綜合力はまったく超人的といってよい。この数年間にかれが読破した古今の哲学書は大変な量にのぼったと推測されるが、それに加えて、ペンブローク・ロッヂの祖父の書斎で古書に読みふけった少年時代からの六〇年に及ぶ蓄積が物を言ったことも疑いない。特に、古代哲学史についてのかれの叙述を読むとき、かれの底知れぬ博識には何人も一驚を喫するであろう。

ラッセルというきわめて個性の強い、独創的な哲学者によって書かれたこの〈西洋哲学史〉は、当然のことながら、まったくユニークな書物であり、ほかの類書に見られない特徴と欠点とをもつものだといえよう。特徴の第一は、何といっても、過去の思想の解釈・評価がラッセル独自のものであることに見出される（もっとも、これは同時に欠点でもあるが）。ギリシャ古代思想における神秘主義的・オルフェウス的（Orphic）諸要素の強調、ソフィストへの高い評価、プラトンやヘーゲルへの強い批判、などはこの本を一読してまず眼につく点である。勿論、これらの解釈・評価はそれ自体かならずしもまったく新しいものではなく、若干の思想史家によって（たとえば、オーフィズムについてはジェーン・ハリソンやジョン・バーネットなどによって、ソフィストについてはF・C・S・シラーによって）すでに示唆されたものではあったが、それがすっかり自家薬籠中のものになっている点はさすがといわねばならない。ラッセルの解釈・評価に対してはさまざまな立場からの批判が可能であろう。しかし、その論旨に賛成するかいなかは別として、この書物が新しい解釈・評価のゆえにきわめて challenging なものになっていることは何としても否定できない。特徴の第二は、いつものことながら、叙述の明快さである。ラッセルは、〈プリンキピア〉のようなテクニカルな著作のばあいは別として、何度も推敲を重ねる遅筆型ではなく、むしろ一気呵成に書き上げるタイプであるが、無造作に筆記または口述した原稿が実に暢達・平明な名文になっていることは驚嘆に値いする。かれの文章は、二〇世紀の代表的なプローズとしてしばしば引用されるだけあって、不必要な飾りはないが、英文としてほとんど完璧だといわれる。文体に特別の関心をもつ人はこの浩瀚な〈西洋哲学史〉のどのページを開いても、著者がつねに流麗な、そしてウィッティな、英語で語っていることに驚くであろう。ラッセルの伝説的なウィットはつねに無尽蔵で、この本でも随処で読者をたのしませてくれる。二、三の短い例をあげてみよう。「アリストテレスの形而上学は、大まかに言えば、プラトンを常識でうすめたものといってよい。アリストテレスがむずかしいのはプラトンと常識とは容易にまざらないからである」〔p. 184〕。〔カントはヒュームによって独断のまどろみから醒されたと自称しているが〕「しかし、このめざめは一時的なものにすぎず、かれは間もなく自分で眠りぐすりを発明してまた眠ってしまった」〔p. 731〕。「ヘーゲルは『精神』という神秘的な実体の存在を信じ、これが人間の歴史を動かして、かれの〈論理学〉に書いてあるような弁証法の各段階に従って発展させるのだと考えた。一体なぜ精神がこれらの段階を通らねばならないかということの理由はあきらかでない。精神はヘーゲルの著書を理解しようとしており、そうして一段階ごとに、いま読んだばかりのことを実現しているのだろうとわれわれは想像したくなる」〔p. 812〕。この本の第三の長所は、哲学思想をその時代との関連において綜合的に把握しようとするラッセルの企図である。しかし、結果的に見ると、副題や序文でのふれこみにもかかわらず、この企ては十分に成功したとは言えない。古代の部分については相当な配慮がうかがわれるが、中世以降の叙述においては、やはり思想史がしばしば孤立して扱われ、社会的背景との関連は折にふれて簡単に言及されているにすぎない。ラッセルの驚くべき博覧強記と綜合力とを以てしても、思想の発展を社会との関連においてとらえようとするしごとがいかにむずかしいかがよくわかる。

この書物の短所は少くないが、その中でも最大のものはやはりラッセル自身の強烈な個性がときにあまりにも露骨に出ているという点であろう（この欠点は、いうまでもなく、前記の第一の長所と表裏一体のものである）。自己の主張や批判を最大限に挑戦的なしかたで発表するという、あの、かれ特有の筆致が、冷静で控え目な叙述を貴ぶ思想史の分野ではしばしば大きなハンディキャップとなり、説得力を減殺していることは否定できない。この欠点は特にドイツ観念論に関する諸章において著るしい。もうひとつの欠点としては、叙述が必ずしも繁簡よろしきを得ず、古代・中世にくらべて、近世の重要な思想家があまりにも簡略に取扱われていることなどが指摘されよう。

このような制約にもかかわらず、この〈西洋哲学史〉が第一級のオリジナルな哲学者の手になるほとんど唯一の哲学史として永く後世に残る業績であることは疑い得ない。また、ラッセル哲学の研究者にとっても、この書物は著者自身の思想の鏡として大きな意義をもつ。

一九四四年のはじめ、母校ケンブリッヂのトリニティ・コレヂの招きに応ずるため、ラッセルは五年ぶりでアメリカから戦火のさなかを三週間もかかって大西洋を横断してイギリスに帰った。ケンブリッヂではムーアをはじめ多くの旧友は温くかれを迎え、学生たちも熱狂的な歓迎ぶりを示し、最初の講義のときは聴衆が大講堂にあふれるほどであった。かれは五年契約で講義を担当することとなり、まずその年のテーマとして「非論証的推理」(non-demonstrative inference)という問題をえらんだが、このときの講義の成果はのちに《人間の知識》(一九四八)にある程度収められている。戦局は依然として熾烈をきわめ、ドイツのロケット兵器V1、V2はイギリス人の胆を冷すほどの威力を発揮してはいたが、連合国側の究極の勝利はすでに次第に確実となりつつあった。国内では、翌一九四五年に労働党がチャーチルのひきいる保守党に対して大勝を博し、あらたに政権を掌握するに至った。

一九四五年八月六日、世界最初の原爆が広島に落され、ついで同九日には長崎が二発目の犠牲となり、一五日にはついに第二次世界大戦が完全に終結した。

第二次大戦中、ラッセルは枢軸側に対する連合国側の戦闘行為を全面的に是認し、日独伊の敗北の一日も早からんことを熱望していた。かれのこの態度は、一見、第一次大戦以来の徹底した平和主義と矛盾するようにも見え、かれの批判者たちにしばしば恰好の攻撃材料を提供した。ラッセルは、はたして、批判者たちのいうように、平和主義から戦争肯定論に豹変したのであろうか。それとも、両大戦におけるかれの態度はやはり何か一貫した思想に立脚していたのであろうか。これについてはのちにラッセルの戦争観についてのべる際にあらためて論ずることにしよう。〔後出一六八頁以下参照〕

第二次大戦中のラッセルについての叙述を閉じる前に、一言ふれておかねばならないのは、ノースウェスタン大学のシルプの編集にかかる浩瀚な論文集〈バートランド・ラッセルの哲学〉がアメリカで刊行されたことである（Paul A. Schilpp〔ed.〕, *The Philosophy of Bertrand Russell*, Evanston and Chicago, Northwestern University, 1944; 3rd ed. 1951)。八〇〇ページを越えるこの論文集は、〈現代哲学者叢書〉（The Library of Living Philosophers）というシリーズの第五巻として出版されたものであるが、この叢書は、現存の著名な哲学者の思想について多数の学者が紹介・批判を行い、それに対して当の哲学者自身が答えるという趣向のもので、ラッセルのほか、カッシーラー、ホワイトヘッド、デューウイ、サンタヤーナ、ムーアなどがとりあげられている。ラッセルの巻では、ハンス・ライヘンバッハがかれの論理学について、アルバート・アインシュタインがかれの認識論についてそれぞれ寄稿しているほか、ムーア、クルト・ゲーデル、アーネスト・ネーゲル、シドニー・フックなど多数の著名な学者がそれぞれラッセル哲学の一局面について紹介・批判を加えている。ラッセル自身は巻頭に二〇ページほどの自伝風の《私の知的発展》と題する論文を寄せ、さらに、巻尾で各寄稿者の批判に対して答えている。編集シルプの序文によると、全部で二一篇に上る寄稿論文を読んだラッセルが何よりも驚いたことは、寄稿者の半数以上がかれの所説を理解していないことであったという。批判に対するラッセル自身の応答は全部で六〇ページ程度の簡単なものであるが、かれの思想を理解する上で重要な手がかりを与えてくれる。

12　第二次大戦後　一九四五——

第二次大戦の終結を故国で迎えたとき、ラッセルはすでに七三歳に達し、現存の哲学者としてはおそらく世界で最も著名な人物となっていた。七三歳といえば、日本では勿論のこと、欧米でも普通の人なら学界や公生活から退いて悠々自適の余生を送る年齢である。しかし、それから今日までの十六年の間、ラッセルの健筆は以前にも増して倦むことを知らぬ活動をつづけてきたし、さらに、原水爆やＩＣＢＭなどの「究極兵器」が発展すればするほど、また、米・ソをそれぞれの中核とする西と東の両陣営の対立が激しくなればなるほど、平和運動の面でのかれの闘争はいよいよ精力的となってきた。ウッドはかれを評して「青年のような八十翁」（a young octogenarian）と呼んでいるが、あの細づくりの体のどこにこれだけの精力がひそんでいるのかまったく驚くほかはない。戦後のラッセルについて書きだせばいくら紙面があっても足りないが、まず一九四五年から今日までの経過を略述し、ついでこの期間の主だった著作を紹介することにし、また、この期間に興味ある展開をとげたかれの平和思想についてはあとでまとめて論ずることにしよう。〔後出第二部5参照〕

時代に先がけて思索し、活動する思想家はすべて荊の道を歩む。けれども、このような先覚者が幸いに長寿にめぐまれるならば、世間がその真価を生前にみとめることもまれにはないわけではない。ラッセルはまさにこのような少数の幸運な例外のひとりといえよう。テクニカルな哲学者・論理学者としてのラッセルは、〈プリンキピア〉その他の画期的業績によってすでに四十代で確乎たる世界的名声をわがものにしていた。しかし、哲学的思想家として、社会思想家としてのラッセルは、第一次大戦中の反戦運動の結果や第二次大戦中のアメリカでの苦い体験が示すように、実に長いあいだ世に容れられず、奇矯な背徳者として指弾されてきた。ラッセルが正しかったかそれともかれを擯斥した世間が正しかったかは別として、第二次大戦後は後者が前者に歩みよることによってはじめて和解が成立した。一九四四年、前記のように母校ケンブリッヂがかれをアメリカから招いたのもそのあらわれといえようが、戦後の世界は、昔の冷遇をすっかり忘れたかのように、かつての「背徳者」を現代最大の哲学者としてみとめはじめた。一九四八年には、それまで伝統的な「良識」の見地からかれを敬遠しつづけていたＢＢＣの懇請を容れて、ラッセルは「リーイス記念講演」(Reith Lectures) を放送した。(この講演は〈権威と個人〉(*Authority and the Individual*, 1949) と題して出版された。) 一九五〇年にはイギリスの文化勲章ともいうべき Order of Merit が国王ジョージ六世によって授与され、さらに同じ年にノーベル文学賞がおくられた。ラッセルは伝統に従ってストックホルムに赴き、型通り受賞講演を行なったが、この講演は人間についてのかれの深い洞察とウィットとの結晶であったと語り伝えられている。〔これはのちに、〈倫

理と政治における人間社会〉（一九五四）中の一章として収録された。後出九七頁以下参照〕

ノーベル賞受賞前後に、ラッセルは高齢にもかかわらずヨーロッパ大陸諸国、アメリカ、オーストラリアなどへ数度の旅行を試み、講演のかたわら例の好奇心をもって新しい知識を貪欲に獲得して行ったが、その間、一九四八年一〇月にはノルウェーで飛行機事故に遭い、危うく難を免かれるということもあった。このときは、かれの乗っていた飛行艇が着水を誤まって海中に沈み、乗客のうち十九人という多数の溺死者を出したが、七六歳のラッセルは北海の晩秋の凍るような海の中を数分間自分で泳ぎ、救助艇に助けられた。

第二次大戦後のラッセルの活動を語るものが絶対に見のがすことのできないものはかれの平和運動、特に原水爆禁止のための闘争であろう。一九四五年の夏、日本国民の頭上に投下された二発の原爆に大きなショックを感じたラッセルは、早くも同年の一〇月《原爆戦をいかにして避けるか》（How to Avoid the Atomic War, *Common Sense*, V. XIV, pp. 3—5）という短文を草したばかりでなく、ウッドによれば、やはり同じ一九四五年にイギリス上院での発言において水素爆弾が間もなく実用化されうるであろうと述べたといわれる。

水素爆弾は、ラッセルの予言どおり、数年後に実現したが、このことはこの老哲学者に異常に強い決意を促した。一九五四年一二月、BBC放送を通じて原水爆の禁止を訴え、かれのアピールをつぎのようなことばで結んだ。「私は一個の人間として同胞に訴える――みんなの人間性を憶いおこし、ほかのことは忘れよう、と。このことができれば、われわれの道は新しい楽園へと通ずる。しかし、これができなければ、万人の死あるのみである。」多くの人々から皮肉な懐疑家とみなされていたラッセル、また、半世紀以上にもわたる共産主義の忌憚ない批判者として賞讃と指弾とを同時に一身にうけてきたラッセルの肺腑からほとばしり出た情熱と誠意にあふれることばは聞く者の心を動かさざるをえなかった。このBBC放送につづいて、ラッセルは共産主義・非共産主義両陣営をふくめて世界の指導的な科学者の協力によって水爆の恐ろしさを全人類に徹底させるための大がかりなキャンペインを思い立ち、まずアインシュタインの賛同を求めた。アインシュタインはこの企てに全面的な賛意を寄せ、ラッセルに趣意書を起草するように勧めた。一九五五年のはじめ、文案をアインシュタインに送ったラッセルはローマで開かれた世界政府のための会議での講演をすませて、飛行機でイギリスへの帰途についたが、機上でアインシュタインが急逝したことを無電によって知った。しかし、幸いにも、アインシュタインは死の直前にラッセルの起案した趣意書を読み、それに署名した上で返送したことがのちにわかった。ラッセル夫妻はさらにハーヴァードのブリッヂマン（物理学者で、いわゆる「操作主義」の提唱によって知られている）、京都大学の湯川秀樹、マックス・ボルン、ジョリオ・キュリーなどをふくむ多数の科学者の署名を得た。ラッセルを中心とするこのアピールが全世界の原水爆禁止運動にいかに大きな力を与えたかは特に論ずるまでもない。ラッセルの精力的なキャンペインはその後もつづき、ごく最近では、一九六〇年、ド・ゴールのフランスがサハラ砂漠で比較的幼稚な（？）原爆の実験を行なったときも、みずからプラカードをかついだこの八八歳の哲学者がロンドンのフランス大使館への抗議デモの先頭に立っていたことなどがわれわれの記憶に新らしい。

このように多忙をきわめる戦後の生活にもかかわらず、著作家ラッセルの生産力は一向に衰えを見せていない。〈西洋哲学史〉以後今日にいたる一五年間に公刊されたかれの著作はおびただしい量に上るが、そのうち主要なものを年代順にあげるとつぎのとおりである（古い論文をあつめた論集の類をのぞく）。〈人間の知識――その範囲と限界〉（*Human Knowledge:*

Its Scope and Limits, 1948）〈権威と個人〉（*Authority and the Individual*, 1949）、〈変りつつある世界への新しい希望〉（*New Hopes for a Changing World*, 1951）、〈科学の社会への影響〉（*The Impact of Science on Society*, 1952）、〈倫理と政治における人間社会〉（*Human Society in Ethics and Politics*, 1954）、〈自伝的回想〉（*Portraits from Memory and Other Essays*, 1956）、〈私の哲学の発展〉（*My Philosophical Development*, 1959）、〈常識と核戦争〉（*Common Sense and Nuclear Warfare*, 1959）、〈西洋の知恵〉（*Wisdom of the West*, 1960）。また、一九五七年にはアラン・ウッドによるすぐれたラッセル伝、〈バートランド・ラッセル——情熱的懐疑家〉（*Alan Wood, Bertrand Russell: The Passionate Sceptic*, 1957）が世に出たことを付記しておこう。ちなみに、この伝記の著者ウッドが一九五八年に四十代の若さで世を去り、ラッセル哲学の発展についての専門的な論考を未完のまま残したことは惜しむべき損失であった。

〈人間の知識〉は五〇〇ページを越える大冊で、認識論の領域におけるラッセルの思想の総決算ともいうべき地位を占め、〈哲学の諸問題〉（一九一二）、〈外界の知識〉（一九一四）、

〈精神の分析〉(一九二一)、〈物質の分析〉(一九二七)〈哲学概論〉(一九二七)、〈意味と真理の研究〉(一九四〇)などの著書を通じて四〇年間にわたって続けられてきたかれの倦むことを知らぬ探究の一応の到達点をなす書物だといってよい。著者の序文によれば、この本のめざしている読者は、かならずしも専門の哲学者ではなく、むしろ哲学に関心をもつ一般教養人士である。「デカルト、ライプニッツ、ロック、バークレー、およびヒュームはこの種の読者層のために書いたが、過去一六〇年ほどのあいだ哲学というものが数学とほとんど同じ程度に専門的なものと考えられるようになってしまったことは残念だと思う」〔p. 5〕。このようなふれこみにもかかわらず、〈人間の知識〉はラッセルの作品中では決して読み易い部類に属する本ではなく、非常に難解な論述を少なからずふくんでいる。

〈人間の知識〉の中心テーマはラッセルが前記の諸作品をはじめ多くの著述を通じて絶えず取り組んできたテーマ、すなわち、個々の認識主体のいわば「私的な」知覚や記憶からいかにして科学の与えるような間主観的な知識の体系が構築されうるかという問題であり、この根本問題との関連において、言語、帰納、物質と精神、因果法則、確率、経験主義の根拠と限界などのトピックが詳細に論ぜられている。この本の構成を簡単に紹介すると、まず短い序説があり、ついで「第一部　科学の世界」、「第二部　言語」、「第三部　科学と知覚」、「第四部　科学の諸概念」、「第五部　確率」、「第六部　科学的推理の諸公準《ポスチュレーツ》」、となっている。第一部においては、天文学、物理学、生物学、生理学、心理学などの諸科学の与える世界像が簡潔に呈示されており、この部分はラッセルの博覧強記と消化力、ならびに平易明快な文体の標本であるが、内容上からみて特にオリジナルな見解はあまり見当らない。諸科学の呈示する世界像が大体において正しいものであることを一応措定しつつ、著者はつぎに第二部以下において、このような世界像の獲得がいかにして可能であるかというカント的認識論の問題と正面から取り組む。科学の成果をどちらかといえばオプティミスティックに受けいれている点において、著者の立場はむしろ常識や素朴実在論に近く、デカルト流の考えかたをとる人々にはあきたらないものであるかも知れない。「しかし、もし懐疑論を出発点とするならば、何も出てこないのではないかと私は思う。およそ知識を構成すると思われるものが何か具体的な理由で放棄されないかぎり、これを大体においてみとめることからまずわれわれは出発せねばならない。仮定的な懐疑論はたしかに論理的な分析《ディセクション》においては有益である。それは——たとえば、平行線の公理を棄ててもどの程度まで幾何学が可能であるかと検討するばあいなどのように——特定の前提を放棄したばあいどこまで推論が可能であるかということをわれわれに教示してはくれる。しかし、仮定的懐疑論が有益なのはこのようなばあいにかぎられる」〔*My Philosophical Development*, p. 200〕。このような見地から、著者はわれわれが個人的な知覚から出発して科学的な世界像に到達しうるために必要な一般原理ともいうべきものを探究し、この種の原理として五つのものを列挙する。この五原理はいずれも科学的推理を根拠づけるために必要な前提ではあるが、それ自体は(後述のように)普通の意味での証明の対象とはなりえず、従ってあくまでも「公準」(postulates)の地位にとどまる。(この問題に関するラッセルの思想は一九四四年以後のケンブリッジでの「非論証的推理」についての研究の過程を通じて形成されたと思われるが、その成果が本書の第六部にあらわれている。)その五つの公準とは、「一、準恒存の公準」(postulate of quasi permanence)、「二、分離可能な因果系列の公準」(p. of separable causal lines)、「三、因果系列における時空的連続性の公準」(p. of spatio-temporal continuity in causal lines)、「四、構造公準」(structural postulate)、「五、類推の公準」(p. of analogy)である〔Cf. *Human Knowledge*,

p. 506 et seq.〕。この五公準に関するラッセルの論述は相当に難解であり、またかれ自身も認めているように未だ試論的な段階を脱しないものであるが、経験的認識の根拠についてのかれの最新の思想の表明として特に注目に値いする。また、経験的認識の諸公準についての本書の叙述を読んでまず感ぜられることは、この点に関するラッセルの問題意識が、期せずして、〈純粋理性批判〉におけるカントの問題意識とおどろくほどよく似ているということであろう。勿論、ラッセルのばあいには経験主義者としての姿勢が根本においては維持されており、カントが認識主観の側に求めたものをかれはあくまで経験的所与（有機体としての認識主観をふくめて）に求めている、という点を見のがしてはならないけれども。〔後出一〇四頁以下参照〕

本書の最終章では、「経験主義の限界」が論ぜられている。すなわち、著者によれば、経験主義とは「すべての綜合的知識（all synthetic knowledge）は経験にもとづく」〔p. 516〕という主張であるが、この主張がどの程度まで真であるかが検討される。経験主義の主張は「すべての……」という風に全称命題の形をとっているから、その正しさを経験によって示すことは論理上も不可能である。しかし、この論理上の困難にも増して重要なのはつぎの点である。「推理を経ずに知られる個別的事実はすべて知覚または記憶によって、すなわち経験によって、知られる。この点に関しては、経験主義の原理はなんらの制限をも必要としない。〔原文改行〕推理によって知られる個別的事実、たとえば歴史上の事実など、はその前提の一部としてつねに経験された個別的事実を要求する。けれども、演繹論理においては、ある事実または事実群が他のなんらかの事実を内含するということはありえないから、事実からの他事実への推理は、論理的必然性をもたない諸特性を世界がもっているときに限り、妥当なものとなる。この種の〔世界の〕諸特性は果して経験によって知られるものであろうか。どうもそうではないと考えられる」〔p. 526〕。世界のこの種の諸特性をできるだけ明確にステートしようというラッセルの努力が、結局、上述の五公準となったわけであるが、これらの公準または原理は、個別的事実が経験的に知られるのと同じ意味で、経験的に知られうるものでなく、むしろ（その端緒的な形態においては）われわれの推理上の習性（inferential habit）または傾向（propensity）ともいうべきものであり、それが自覚的な反省によってはじめて多かれ少なかれ明示的に方式化されうるにすぎない。そして、生物にとっては、事実によってうらぎられることの少ない推理習性を身につけることは環境への適応、ひいては生存、への不可欠の条件である。こう考えることによって、五公準をいわば経験主義風に解釈することはできるが、しかし、各公準そのものの知識が経験にもとづきえないことはやはり否定できない。このように論じつつ、ラッセルはこの大著〈人間の知識〉をつぎのことばでむすんでいる。「この意味で、認識論としての経験主義が不充分であることをわれわれは結局みとめねばならない――もっとも、経験主義は従来の他の型の認識論のどれよりもましであるが。〔なぜましかというと、それは〕現に、われわれが経験主義の弱点と思われるものをいままでの論述で指摘してきたが、これらの弱点の発見はまさに経験主義哲学の基調をなす教説を厳守することによってなされたからである。その教説とは、人間の知識はつねに不確実、不正確、かつ部分的なものであるということである。この教説に対しては、われわれはなんらの限界をも見出さなかった」〔p. 527〕。こうして、イギリス経験主義哲学の現代における最大の継承者と目されるラッセルが、根本的には経験主義の地盤に立ちつつも、現代経験主義のラディカルな諸形態を批判していることはまことに意義ふかい事実というべきであろう。

〈権威と個人〉はイギリスのBBC（わが国のNHKに相当するが、イギリスでは民間放送はなく、公共放送一本となっている）を通じて全国に放送された〈リーイス記念講演〉（Reith Lectures——ＢＢＣの初代総裁リーイス卿を記念するために、毎年著名人を招いて行なう教養番組）で、「一、社会の統一と人間性」、「二、社会の統一と統治《ガヴァンメント》」、「三、個性の役わり」、「四、技術と人間性との衝突」、「五、統制と創意——それぞれの領域」、「六、個人倫理と社会倫理」の六講から成る。一九四八年の冬に放送されたこの連続講演において、ラッセルは〈産業文明の将来〉（一九二三年）、〈自由と組織〉（一九三四年）、〈権力〉（一九三八年）などの旧著を通じて追究してきた政治権力と人格の自由、社会の安全《セキュリティ》と個人の創意《イニシャティヴ》、の問題をふたたびとりあげ、戦後の世界情勢を背景として、平明で説得的な議論を展開している。本書が一貫して明確な個人主義を基調としていることは当然ながら、世界政府（その権力は戦争の防止に必要な限度を越えてはならないものとされる）の問題、国内的には富裕階層と貧困階層との間の、国際的には先進国と後進国との間の、経済的平等化の問題、重要産業国有化の問題、などが論及されていることは興味深い。現代社会の実情が経済の分野での統制の強化を要求することをみとめ、鉄道をはじめ若干の基幹産業の国有化を支持しつつも〔Cf. p. 56〕、著者は思想言論の領域においては最大限の個人的自由の保障を力説する。そうして、秩序と自由、統制と創意との対立が決して原理上解決しえぬものではなく、賢明な措置、たとえば権力の馴致、人間の闘争本能の無害化、新らしい個人倫理・社会倫理の形成など、によってこの両者を調和させ、こうして社会の安定と進歩との間のバランスをとることが十分に可能であると説くラッセルの声は、朝鮮事変もまだ起らず、水爆もまだ実用化されていなかった、戦争直後数年間の時期を反映してきわめて明るい。〔第二部3参照〕

〈科学の社会への影響〉(一九五一)もやはり連続講演で、オックスフォードのラスキン・コレヂで行なわれたものであり、内容は大体において啓蒙的であるが、近代科学技術と戦争の問題、独裁制の諸問題などについての注目すべき卓見を多くふくんでいる。東西両陣営の対立が急速に露骨となり、水爆がラッセルの予言どおり開発されたこの時期にあっても、ラッセルの根本的なオプティミズムはやはり随所にあらわれている。「人類は、今すぐにでも、これまでとは比較にならぬほどよい世界への急速な前進をはじめることができるはずであるが、これにはひとつだけ条件がある。それは東と西との間の相互不信がとりのぞかれることである。(中略)近い将来は過去よりもはるかに悪いかはるかに良いかいずれかであろう。そして、そのいずれになるかはここ数年間のうちにきまるであろう」〔p. 118〕。では、実際問題として、東西間の不信を除去するにはどのような具体策が必要かという点はこの本ではまだ十分に展開されておらず、のちに、〈核戦争と常識〉（一九五九年）などで詳説されることになる。

〈倫理と政治における人間社会〉（一九五四）は、ラッセルの倫理思想・社会思想の総決算として、ちょうど上記の〈人間の知識〉が、認識論の分野で占めているのと同じ地位を、これらの領域において占めている。全体の構成は、序説、第一部「倫理」、第二部「情熱の葛藤」（The Conflict of Passions）となっており、全二三章のうち、はじめの九章は一九四五—四六年に、あとの部分は（「政治的に重要な諸欲求」と題する第二部第二章がノーベル文学賞受賞の際にストックホルムで行なわれた講演であることをのぞき）一九五三年に書かれた。執筆の意図は著者自身の序文にあきらかである。「本書はふたつの目的をもつ。第一は独断的でない倫理学をのべることであり、第二はこのような倫理学を現代のさまざまな政治問題に応用することである。本書の第一部で展開されている倫理学には格別オリジナルなものはふくまれておらず、もしつぎのような事情さえなければ、これをのべることが有意義であるかどうかわからない。その事情とは、私が政治上の問題について意見をのべると、いつも、『あなたはそもそも倫理上の判断に客観性をみとめないのだから、政治について意見をのべる資格はあなたにはないはずだ』と私の批判者たちが応酬するということである。私はこの批判が妥当だとは思わないが、それが妥当でないことを証明するためには若干の、そして決して簡単ではない説明が必要となる。〔原文改行〕本書の第二部は政治の完全な理論をうちたてようとするものではない。私は、若干の旧著において、政治理論の諸部門をすでに論じたことがあるから、本書においては、倫理と密接に関連する問題の中でも特に現代において緊急の実践的重要性をもつ問題のみをあつかうことにする。われわれの当面している諸問題を広い、非個人的《インパーソナル》な視野においてとらえることによって、現代の状況にとらわれた見方では不可能な程度まで興奮や、熱狂や、危惧や焦燥を抑えた考察を読者にしてもらいたい、というのが私の念願である」〔p. v〕。この序文において、ラッセルはさらにことばをついで、自分は「あまりにも合理主義的」であるとしばしば論敵から攻撃されるが、この非難が人間行動を究極において決定するものが感情であることを自分が見のがしているという趣旨のものであるならば、それはまったく見当ちがいである、と抗議している。「理性は情熱の奴隷であり、またそうでなければならぬ」と言ったのは、ルソーでも、ドストイエフスキーでも、サルトルでもなく、ほかならぬ合理主義者デイヴィッド・ヒュームであったが、このヒュームのことばを引きつつ、ラッセルは言う。「欲望、感情、情熱（どんなことばをえらんでもよいが）のみが人間行動の原因となりうるのであって、理性は行動の原因ではなく、その規制者《レギュレーター》にすぎない」〔p. 8〕。合理的であるということは、（感情によって与えられるところの）目的の達成のために最も適した手段を冷静・慎重に選択することであり、決して感情そのものを否定し去ることではない。この意味での合理主義者はセンチメンタリストの眼には冷血漢として映ずるかも知れないが、その実、かならずしもそうではない。たとえば、南北戦争の際、リンカンは冷静な計算にもとづいて行動したが、情熱の使徒を以て任ずるセンチメンタルな奴隷廃止論者たちは、リンカンがなぜもっと「迫力のある」措置をとらないかといって盛に攻撃したが、もしこの時「迫力がある」ように見える措置が講ぜられていたらおそらく奴隷解放は不可能だったであろう。もし、この意味で自分が「合理主義」をとり、感傷主義を排するゆえをもって、論敵から非難されるならば、自分は甘んじて服罪しよう、とラッセルは明言する。「しかし、私が強烈な感情を厭うとか、感情以外の何かが行動の原因となりうるとか考えているものとして非難が加えられているのだとすれば、私は断乎としてこの非難に抗議する。私が実現を願う世界はつぎのような世界である。すなわち、そこでは、感情は強烈ではあるが破壊的ではなく、しかも、感情が〔かくされたり、擬装されたりせずに〕あからさまに披歴されるので、自己偽瞞や他人に対する偽瞞が生じないような世界、がそれである。このような世界が現出すれば、そこには愛と友情と、また、芸術と知識の追究とがあるであろう」〔p. 11〕。キリスト教の忌憚ない批判者としてひろく知られるラッセルの倫理観・社会観の底にあるものがまさにキリストの説いたような愛であり、「惻隠の情」(compassion) にほかならないことを人はとかく見のがしがちであった。しかし、実のところ、これこそまさにかれの初期の代表的な名文《自由人の信仰》(一九〇二) から晩年の作品にいたるまで一貫して流れている根本思想なのである。〔後出一八三頁以下参照〕

本書第一部第八章「倫理上の論議」、同第九章「倫理上の認識というものは果して存在するか」はともにいわゆる分析的倫理学(または「メタ倫理学」)の諸問題についてのラッセルの最近の立場を示すものとして重要である。この領域でのラッセルの立場は、よく知られているように、価値命題は客観的な事実をあらわす命題ではなく、単にわれわれの感情を表現するものであり、従って全く主観的なものにすぎないという見解、すなわちいわゆる「情緒説」(the emotive theory of value) である〔後出一二五頁以下参照〕。

〈倫理と政治における人間社会〉においても、この根本思想はかわっていないと解されるが、かれ自身この考えかたに強い不満を感じ、何らかの方法で（理論上はともかく、実際上）そこから生ずる不都合を回避しようと試みている点がわれわれの興味をそそる。「『残虐行為は悪い』と言うとき、われわれは単に『私は残虐行為がきらいだ』とかまたは何かやはり同じように主観的なことをいっているにすぎないと考えることは、私個人としては我慢のならない気がする」〔二一〇頁〕。そこで、ラッセルは、ひとつの試論として、ベンタムの「最大多数の最大幸福」論に似た一種の功利主義的基準を提案し、「『善』とは『欲望の充足』である」という定義をたて、さらに、ライプニッツの用語を借用して、欲望を「共存可能な欲望」(compossible desires)と「両立しえない欲望」(incompatible desires)とに分ける〔p. 59〕。一群の欲望が同一の事態の存在によってひとしく充足されるとき、それらの欲望は「共存可能」であり、そうでないときは「両立しえない」ものだとすると、後のばあいよりも前のばあいの方が充足される欲望の総量が大きいことはあきらかである。従って、「共存可能な」欲望の方がそうでない欲望よりも望ましいこととなり、結局、「正しい欲望とはできるだけ多くの他の欲望と共存可能なものであり、正しくない欲望とは他の欲望を妨害することによってのみ充足されるもの」である、とされる。勿論、この方向への新らしい試みは情緒説から生ずる実際上の不都合を少しでも軽減し、倫理価値についての論議にできるかぎりの客観性を与えて行こうとする努力であって、これによってラッセルが年来の情緒説を放棄したと見ることは早計であろう〔後出一二八頁参照〕。この本で提案されている倫理学説の根拠となるべきものが、「知覚の諸事実」ではなく、われわれの「情緒や感情」であることは、かれ自身が明言しているところである〔p. 118〕。

〈変りつつある世界への新しい希望〉もラッセルの政治・社会思想のマニフェストとして重要ではあるが、その趣旨は前記の〈倫理と政治における人間社会〉その他の著書と重複するので、ここでは割愛し、またこの本や〈常識と核戦争〉にふくまれている世界平和についての展望や提案はのちにまとめて論ずることとし〔第二部5〕、今度は、第二次大戦後のラッセルの著作の中でも別なジャンルに属するものをとりあげてみよう。

ラッセルは八四歳をすぎてはじめて自伝的な作品を世に問うた。〈自伝的回想〉（*Potraits from Memory and Other Essays*, 1956）および〈私の哲学の発展〉（*My Philosophical De-*

velopment, 1959）の両著がそれである。前者はパーソナルなメモワールを中心とし、若干の軽いエッセイを添えたもので、当代一といわれるラッセルのプローズの見事な標本でもある。しかし、その軽妙な筆致の中にも、ナポレオン一世とも面談したことのあるというジョン・ラッセル卿を祖父にもったヴィクトリア時代の神経質な少年が両大戦を通じて不撓不屈の人生を歩みつづけ、かつては自己を指弾した世界についにおのが真価を認めさせた孤高の人格にまで成長して行く過程が実にあざやかに浮きぼりにされている。また、かれをめぐるラッセル家のひとびと、ホワイトヘッド、マクタガート、ムーア、ヴィトゲンシュタインなどケンブリッヂでの僚友たち、G・B・ショー、H・G・ウェルズ、D・H・ローレンス、ジョーゼフ・コンラッドなどの作家たちの印象も一流のドライで機智に富む文章で生き生きと伝えられている。〈私の哲学の発展〉はこの〈自伝的回想〉にくらべるとはるかに専門的な内容のものであり、それだけに部分的にはかなり難解な書物となっている。第一章「序説的概観」は、わずか四ページ余の短章ではあるが、七〇年にわたるラッセルの哲学的努力の原動力をなしてきた根本的な関心が何であるか、またかれの探究の重点がどこにおかれてきたかを簡潔に示す。「私が終始かわらずにもちつづけてきた関心がひとつだけある。すなわ

ち、私は、われわれがどれだけのことを知っているといえるか、また、それをどの程度の確実さ、乃至は疑わしさをもって知っているといえるか、ということを見きわめようと終始つとめてきた」〔p. 11〕。「私の哲学への最初の関心はふたつの淵源に由来した。一方で、私は（それがいかに曖昧なものでも）宗教的信念といえるような何ものかを擁護することを哲学がなしうるかどうかということを見きわめようとつとめ、また他方では、ほかの領域はともかくとして少なくとも純粋数学においては、何ものかが知られうるという確信をもちたいと願った。少年時代の私はこのふたつの問題についてただひとりで、そしてほとんど書物の助けを借りずに考えた。宗教に関しては、私はまず自由意志を、つぎに霊魂の不滅を、そして最後に神をも信じなくなった。数学の基礎については、何もえられなかった」〔p. 11〕。このようにしてはじまった早熟な少年の「確実さ」への妥協のない探求は果してどこに行きついたであろうか。本書において著者が随処で告白しているように、バーティー少年が哲学に求めたものは、あたかも虹のように、追えば追うほど地平線のかなたへ姿を消してしまった。この意味で、七〇年のたゆみない探求の過程はたしかに失望の過程だったといえよう。しかし、別な角度から見れば、それはまた希代の頭脳と精力とにめぐまれたひとりの人間の思想的遍歴として、われわれに実に多くのものを教えてくれる。

〈私の哲学の発展〉の具体的内容は本稿の今までの論述にすでに織りこまれているので、ここで改めて紹介することは必要でないが、ただ、この本の最後の数章はラッセル哲学のごく最近の発展を示すものなので、これについては簡単にふれておこう。「非論証的推理」(non-demonstrative inference) と題する第一六章は例の経験的認識の「五公準」に関する〈人間の知識〉の論述〔前出九一頁〕と同じテーマをあつかっているが、このきわめて難解な理論についてのラッセル自身のコメンタリーとして大いに参考となる。「非論証的推理というテーマは私が予期したよりもはるかに大きく、はるかにおもしろいテーマだということがわかった。大抵の議論においてはこのテーマが、不当にも、帰納の研究にのみ限局されていることを私は発見した。私が到達した結論は、帰納的論議というものは、常識の限界内にとどまらぬかぎり、真の結論へ導くよりも偽の結論へ導く公算の方がより大きい、ということである。常識が〔帰納的論議に対して〕加える制約を感じで知ることは容易だが、これを明確に方式化することはきわめて困難である。結局、私はつぎの結論に行きついた。すなわち、科学的推理が証明不可能な論理外的 (extra-logical) 諸原理を必要とすることはたしかだが、帰納はこの種の原理のうちには入らない、という結論である。帰納はある役わりを演じはするが、それは前提としての資格においてのことではない」〔*My Philosophical Development*, pp. 190—191〕。

それでは、科学的推理の「論理外的諸原理」は何であろうか。ここでラッセルは生物学的・行動主義的な見地を導入すると同時に、ケインズの確率論の成果に注目する。われわれの求める論理外的原理は、根本的には、生物としての人間が生存の必要上次第に獲得した実践的な指針にほかならない。「ある動物が一定の臭いをかいで、好ましい食物を期待する。この期待が大抵あやまっていたとすれば、その動物は死ぬであろう。進化と環境への適応との結果、この種の期待は、大多数のばあい、正しいものとなる——もっとも、それは決して論理的に証明可能なものにはならないが。自然には一定の習慣がある、といってもよい。動物が生存するためには、その習慣が自然の習慣に適応していることが必要である」〔p. 200〕。ケインズは、有名な〈確率論〉において、数学的な確率論が実際の帰納的探求に応用されうるためには二つの前提条件が必要だということをあきらかにしたが、その第一のものは、ある帰納的一般化がはじめから（すなわち、特定の事例が知られる以前から）有限の確率をもたねばならぬことを要求する。「ある一般化が提示されたとして、われわれがそれに有利なまたは不利な証拠を吟味するに先立ち、それが正しいことの確率が有限であるということがどうしてわかるであろうか。………私が、非論証的推理の実例の分析によって、到達した諸公準は、まさに、――他の種の一般化にではなく――或る種の一般化にこのようなア・プリオリな確率を賦与するような公準として意図されたものである」〔p. 201〕。〈人間の知識〉で詳述されている五公準の意義をラッセルは、このように、行動主義的認識論と確率論とから説明する。

この書物の第十七章（実質上はこれが最終章となっている）は「ピタゴラスからの後退」（The Retreat from Pythagoras）と題されているが、ここでラッセルは六十余年に及ぶ自分の哲学的思索の過程を回顧しつつ、つぎのように言う。「今世期のはじめ以来の私の哲学的発展は、大まかに言えば、ピタゴラスからの漸次的な後退であったといえよう。ピタゴラス学派は数学とむすびついた一種独特の神秘主義を奉じていた。この型の神秘主義はプラトンに多大の感化を及ぼし、私の見るところでは、普通に考えられている以上の影響をかれに与えた。私自身も、一時は、これによく似た考えかたをしていたのであり、数学的論理学の性質――と私が思っていたところのもの――の中に、ある情緒的に重要な面で、心に深い満足を与えてくれるものを見出していた」〔p. 208〕。かれの数学への興味は、少年時代には、数学のさまざまな応用例の美しさに対する比較的単純なものであったが、それが次第に数学の基本原理への興味にかわって行く。それも、はじめのうちは、数学そのものの確実性・絶対性の中に宇宙の本質を観照する無上のよろこびとむすびついていたが、やがて、数学の命題がトートロジーであることを悟ったかれは、深い幻滅を感ぜざるをえない。〔前出三八頁参照〕また一方では、第一次大戦の体験がそれまで超俗の世界に向けられていたラッセルの眼を苦悩にみちた人間界にひきもどすことになる。このような気持の変化の結果、ラッセルはそれまで大切にしていた或るものを失うと同時に、また別のものを得た。「失われたものは完全なもの、終局的なもの、確実なものを見出すことの希望であり、あらたに得られたものは私にとって不愉快ないくつかの真理への忍従であった。けれども、私は決して以前の自分の信念を全面的に放棄したわけではない。若干の考えは棄てずに持っていたし、今日でもやはり持っている。私は真理というものは事実へのある関係に立脚するものであり、事実は一般に人間を超えた（nonhuman）ものであると今でも考えている。私は、宇宙全体から見れば人間はつまらぬものであり、もし『ここでいま』という狭い視野を超えて私心なしに宇宙を見わたす能力をもつ〔神の如き〕存在がかりにあるとしたら、かれは人間については自分の書物の終り近くの脚註でちょっと記すだけであろう、と今でも考えている。しかし、私は、もはや、人間的な諸要素をそれが本来あるべきところから無理に出そうとはのぞまない。私は、もはや、知性が感覚よりも高級だとも、また、プラトンの説くイデアの世界のみが『真実在の』世界への鍵を与えてくれるとも思っていない。私は、むかし、感覚や感覚にもとづく思想は牢獄のようなものであり、そこからのがれることは感覚を解脱した思想によって可能だ、と考えていたが、今ではもうこのようには感じていない。今の私は、感覚や感覚にもとづく思想は、牢獄の格子でなく、むしろ窓のようなものだと考える。私は、人間は、ライプニッツのモナドのように、世界を不完全ながら映し出すことができるものであり、哲学者の義務はできるだけものの姿を歪めずに映し出す鏡たるべく努めることだ、と考えている。同時に、しかし、われわれの本質上どうしても避けることのできぬ歪みはこれを〔卒直に〕みとめるのもまた哲学者の義務である。このように避けられぬ歪みのうち、最も根本的なものは、われわれは有神論者が神の属性としてみとめるような大らかな無私の心をもつことはできず、『ここでいま』という立場から世界を見ているという事実である。神の如き無私の境地に達することはわれわれにはできないが、この境地に多少とも近づくことはできる。この目標への道を示すこと、これこそ哲学者の最高の義務である」〔pp. 212—213〕。この、晩年のラッセルにしては珍らしいほど詩的な文章のうちに、かれが決して単なる分析家ではなく、ペンブローク・ロッヂでの孤独な少年の自問にはじまる七十余年の思索生活が、一貫して、ターレス、ピタゴラス以来二十数世紀にわたって哲学者たちが追求してきた問題、すなわち、宇宙と宇宙における人間の位置の問題、をめざして展開されてきたことを看取することができる。※〔後出第二部7参照〕

※ ラッセルのごく最近の著書に、〈西洋の智慧〉(*Wisdom of the West*, 1960) があるが、これはくわしくは参照しえなかったので、割愛する。

第二部　ラッセルの社会思想

Man is a rational animal——so at least I have been told. Throughout a long life, I have looked diligently for evidence in favour of this statement, but so far I have not had the good fortune to come across it, though I have searched in many countries spread over three continents. On the contrary, I have seen the world plunging continually further into madness. I have seen great nations, formerly leaders of civilization, led astray by preachers of bombastic nonsense.

From *Unpopular Essays* p. 95

第二部

1 序説

Intellectually, the effect of mistaken moral considerations upon philosophy has been to impede progress to an extraordinary extent. I do not myself believe that philosophy can either prove or disprove the truth of religious dogmas, but ever since Plato, most philosophers have considered it part of their business to produce 'proofs' of immortality and the existence of God. They have found fault with the proofs of their predecessors——St. Thomas rejected St. Anselm's proofs, and Kant rejected Decartes'——but they have supplied new ones of their own. In order to make their proofs seem valid, they have had to falsify logic, to make mathematics mystical, and to pretend that deep-seated prejudices were heaven-sent intuitions.

From A History of Western Philosophy, p. 863

職業的な、そして高度にテクニカルな意味での、哲学者として、認識論、論理学、数学基礎論などの分野で前人未踏の境地を拓いたラッセルは、政治・経済・宗教・倫理など、社会の諸問題に関しても実におびただしい量の著作を公けにしてきた。これら社会の諸問題についての発言は職業哲学者ラッセルのいわば筆のすさびにすぎない、と見る人もないではない。しかし、かれの最初の主著が〈ドイツ社会民主主義論〉（一八九六）であることからもわかるように、かれの社会への関心はすでに青年時代にさかのぼるものであり、殊に、第一次大戦中、全身全霊をこめて反戦運動に参加して以来、終始一貫して人間社会に現存する愚行、偽善、憎悪、残虐と戦いつづけ、今日では九〇歳に近い身で核戦争防止のための世界運動の先頭に立って精力的な活動に没頭しているラッセルのこの方面での著作を単なる余技や素人芸としてかたづけてしまうことは何としても不当と言わねばなるまい。現に、量の点では、かれの社会思想上の作品は哲学上の労作をはるかに凌駕するのであり、もし思想家の偉大さがその影響力によってはかられるとすれば、社会思想家ラッセルは哲学者ラッセルにもまして偉大な人物だということになろう。

二四歳のときの作品〈ドイツ社会民主主義論〉は社会思想、特にマルクシズム、に対するラッセルの強い関心や異常な理解力・消化力・批判力を如実に示す傑作である。しかし、当時のラッセルはイギリスの典型的な貴族の家庭で人となり、ケンブリッヂの平和で思索的な雰囲気の中から出てきたばかりの世間知らずの青年であり、並はずれて鋭い感受性にめぐまれながらも、人間社会の諸問題を比較的素朴な合理主義でわりきって考えるオプティミストであった。この素朴な合理主義・楽観主義に正面から痛撃を加えたのが、ほかでもない第一次世界大戦の勃発であり、このときの平和運動の苦しい体験を通じてラッセルの人間社会への——その醜さ、愚かさへの、しかしまた同時に賢明な教育による人間の改善の希望への——開眼がおこなわれたといっても過言ではない。

ラッセルの社会思想をその各領域にわたって紹介するにさきだち、まず、全体に共通な考えかたの特徴ともいうべきものを指摘しておこう。

われわれが注目せねばならない第一の点は、ラッセルという人物において、せまい意味での哲学と社会思想とが相互にどういうしかたで関連しあっているかということである。この点について、かれ自身はリンデマン（Eduard C. Lindeman）の批判に答えてつぎのように言っている。「リンデマン氏は社会の諸問題についての私の見解と論理学および認識論についての私の見解とのあいだにはなんら必然的な関連がないといっているが、これはわが意をえている。私はヒュームの例を援用しながら――私は抽象的な諸問題についてはヒュームに賛成するところが実に大きいのだが、政治については全く見解を異にする――両者のあいだになんら論理的な関連は存在しない、といつも言ってきた。（ラッセル注――心理的な関連はあると思うが、それはまた別の問題である）。けれども、ほかの大多数の人々は、私自身がそれを自覚してはいないにもかかわらず、両者のあいだには関連があると断言してきた」〔Schilpp, *The Philosophy of B. Russell*, p. 727〕。また、マクギル（V. J. McGill）の論評に答えつつ、かれはつぎのようにも言う。「拙著〈社会再建の原理〉(一九一六年)について、またある程度まで私の他のポピュラーな著作について、哲学的な読者は、私が『哲学者』という範疇に入れられていることをなまじ知っているために、よく誤解におちいる。私は『哲学者』としての資格において〈社会再建の原理〉を書いたのではない。世界の現状を悲しみ、それを改善する方途を見出すことをのぞみ、かつ同じような気持をもつ他の人々に平易なことばで訴えようとねがう一個の人間として、私はこの本を書いたのである。かりに私が専門書を書いていないとすれば、このことはきっと誰の眼にも明白であろう。この本〔つまり〈社会再建の原理〉〕を理解してもらうためには、私の専門的な活動のことは忘れてもらう必要がある」〔*Ibid.*, pp. 730—731〕。

自分の「哲学」と社会思想とをこのように峻別しようとするラッセルの態度は、ウッドの指摘するように〔Cf. Wood, *B. Russell: The Passionate Sceptic*, p. 73〕、ある程度かれ一流の「あまのじゃく」(perverseness)に由来するようにも受けとれる。ものごとに何でも「本質的な関連」をつけたがるドイツ哲学風の大げさなジェスチュアに対するイギリス人らしい皮肉《モッカリー》のひびきがかれの発言の中に感ぜられることは事実である。しかし、他方、かれのこの態度が、ひとつには、「哲学」ということばをせまく、厳格に解して、多少とも実践的な評価によって色づけられたものを「哲学」とよぶのは不適当である、という信念に由来することもまた否めない。かれが晩年の両大著〈人間の知識〉および〈倫理と政治における人間社会〉を、はじめは一体のものとして構想しておきながら、結局ふたつに分けて公けにしたという事情もこのことをものがたっている。また、すでに青年時代、ムーアの影響のもとにヘーゲルの呪縛から脱却して以来、ラッセルが終始ヘーゲル流の一元論（すなわち、かれのいわゆる“the block theory of the universe”）に対して抱きつづけてきた強い不信の気持、哲学においても、科学のばあいと同じく、切りはなせるものはできるだけ切りはなしていわば「各個撃破」的に進むべきだという piecemeal method への信頼、もこのことと無縁ではないであろう。いたずらに鶏を割くに牛刀を用いることなく、常識でことがすむ場合にわざわざ哲学をひきあいに出すことをせず、あくまでも卒直に平易に社会について語ろう、というのがかれの本当の気持であろう。

このように、ラッセルの哲学と社会思想との間に緊密・直接な関連を見出すことは、かれ自身の述懐に徴しても、また客観的に見ても、困難である。しかし、それにもかかわらず、両者の間に存する若干の、いわば気質的な共通の特徴をわれわれは見のがすことができない〔哲学と政治上の立場との関係についてのラッセルの見解は後出一一四頁以下〕。この種の特徴のうちで、私は特に卒直さ、経験主義、合理主義の三つをあげたいと思う。

卒直さ（candour）乃至は知的な正直さ（intellectual integrity）こそはラッセルの全思想・全生活を貫ぬく最大の特徴であると私は信ずるが、このことは哲学の理論的な諸分野はもとよりのこと、社会思想の領域でもやはりあてはまるのであり、この点でもかれはヒュームにきわめてちかいものを感じさせる。

第一批判においては無比の卒直さを堅持したカントが第二・第三批判その他において、実践上好ましくない結論を避けるために方法上の厳格さをゆるめたことにかんがみても、倫理・宗教・社会・芸術などの諸問題についてもこの美徳を守りぬくことがいかに至難のわざであるかは明白であろう。学問は現実をあくまで客観的な、赤裸々な、ありのままの姿でうつし出すことを使命とするが、学問的認識の示す冷厳な事実はしばしばわれわれにとって耐えがたいほど暗く惨めなものである。このような現実の姿を直視しえない者は、或いは現実から眼をそむけ、或いは意識的・無意識的にそれをばら色の光において把えようとする。しかし、ラッセルにとって学者の生命である知的卒直さの要求は、このような行為を怯者の逃避として強く排斥し、現実認識のおもむくところ、たとえその結論がわれわれにとっていかに不快《アンパラタブル》な、絶望的なものであっても、事物のありのままの姿を徹底的に追究することをかれに命ずる。「安心立命」の境地を求めんがために、この追究を中途で打切って妥協することは、ラッセルにとって、学者として許しがたい背信行為にほかならない。特に、われわれが抱いている既成の道徳観念とつじつまを合わせるために現実認識に手心を加えることはかれの最もきらうところである。ソフィストたちやデモクリトスに対するラッセルの異常に高い評価、そしてプラトンやヘーゲルに対するかれのはげしい反感も、ひとつにはここに由来する。「或る程度まで――どの程度までかは言えないが――ソフィストたちが、一般大衆ばかりでなく、プラトンやそれ以後の哲学者たちの反感を買った原因はかれらの知的な長所にあった。真理の探究は、それが真剣なものであるかぎり、道徳的考慮を無視せざるをえない。発見されるべき真理がある特定の社会で道徳的と考えられていることと一致するだろうということを前もって予断することはそもそもできないはずである。ソフィストたちには自分たちの議論の導くところへはどこまでもついて行く覚悟があった。（中略）プラトンは、いつでも、自分の道徳観に民衆をはめこむような見解を唱導することに汲々としており、理論の可否をその社会的効果によって勝手に判定するから、ほとんどつねに知的な正直さを欠いている。しかも、このあとの点についてすら、かれは正直ではない。かれは議論のすじみちについて行くように装いながら、その実、論議を曲げて、道徳にかなった結論がうまく出てくるように細工しているのである。この悪徳〔すなわち、知的な不正直さ〕はプラトンによって哲学にもちこまれ、それ以後ずっとこの学問につきまとっている。プラトンの対話にこの性格を与えたものはおそらく主としてソフィストたちに対する反感だったのであろう。プラトン以後のすべての哲学者の欠点のひとつは、倫理学上の探究を行なうに当って、自分が到達すべき結論をすでに知っているものときめてかかることである」〔*History of Western Philosophy*, pp. 98—99〕。

ラッセルの卒直さはいろいろな形であらわれているが、そのひとつはかれの議論のすすめかたである。ホワイトヘッドはかつてラッセルを評して「プラトンの対話のような人物」(a Platonic dialogue in himself) だと言ったが〔Cf. *My Philosophical Development*, p. 260〕、実際、かれの論究の態度はある見解とそれに対する反論とをつねに明確にステートし、両者をフェアにかみ合わせることによって、できるだけ妥当な結論を得ようとする、まさに（ことばの原意において）「弁証法的」な態度であるといえよう。また、哲学の諸問題についてだけでなく、人間社会に関する論議においても、ラッセルが自分にわからないことは「わからない《アイ・ドント・ノウ》」とはっきり公言し、論争相手の批判のうちで正しいと思われるものを虚心坦懐にとり入れて、みずからの旧説をつぎつぎと改めてきたことも、やはり同じ卒直さのあらわれと見てよい。

このことは、とりもなおさず、第二の点、すなわち、ラッセルの全思想の基底をなす経験主義的・多元的なアプローチ、かれのいわゆる「各個撃破」的（piecemeal）な方法とも密接に関連してくる。「壮大な」形而上学的体系をうち立てて、あらゆる問題をその枠の中で一ぺんに解決しようとするのではなく、分析によって問題をできるだけ局地化《ローカライズ》して行き、既知のものから出発して、一歩一歩慎重に未知の領域に足をふみ入れて行く態度、一言でいえば経験科学の研究態度、こそ同時にまた哲学の研究態度でなければならぬ、というのがラッセルの持論であるが〔Cf. *Our Knowledge of the External World*, p. 4; *History of Western Philosophy*, Chapter 31〕、このことはかれの社会思想にも実にはっきりとあらわれている。

ラッセルの社会思想とかれの哲学とに共通な第三の特徴はその合理主義であろう。青年時代のラッセルが人間社会の諸事象についてやや素朴な合理主義にかたむいていたこと、そして第一次大戦中の苦い体験がこの合理主義を根底からゆさぶってしまったことについてはすでにふれたが〔前出、四二頁〕、このことは決してかれが非合理主義におもむいたことを意味するものではない。第一次大戦の初期にはじめてフロイド学派の理論にふれてからは、また、大戦という未曾有の不祥事に直面した大衆の不可解な行動を身近に観察してからは、人間行動そのものの合理性についてのかれの信念はたしかに深刻な修正を蒙らざるをえなかった。しかし、この非合理的な現実社会の動きと、そこに由来する数知れぬ人間の愚行や悲惨の原因を冷静な分析と観察とによって的確に見きわめ、教育を中軸とする合理的な改革方法によって少しづつでも人類の不幸を緩和して行こうとする態度をもやはり合理主義と呼ぶならば、この意味での合理主義こそラッセルの社会思想全体を一貫して流れる根本態度であると言わねばならない。そして、この合理主義が同時にまたかれの哲学における根本志向とも、すなわち一切の非合理的信仰や希望的思考《ウイッシュフル・シンキング》を排して、冷静な分析によって漸進的に問題に肉薄しようとする行き方とも、一致することは特に論ずるまでもない。

1 序説

社会の諸問題についてラッセルが六十余年にわたって公けにした著書・論文は実に尨大な量にのぼり、しかも多方面にまたがるかれの見解は、例によって、何度も重要な転回をとげてきている。かぎられた紙面でかれの社会思想の全容を紹介することは不可能に近いが、ここでは比較的近年の著作に重点をおきつつ、その特徴を少しでもうきぼりにしてみる所存である。

2 倫理思想

For over two thousand years it has been the custom among earnest moralists to decry happiness as something degraded and unworthy. The Stoics, for centuries, attacked Epicurus, who preached happiness; they said that his was a pig's philosophy, and showed their superior virtue by inventing scandalous lies about him. ………… Skipping the next 2,000 years, we come to the German professors who invented the disastrous theories that led Germany to its downfall and the rest of the world to its present perilous state; all these learned men despised happiness, as did their British imitator, Carlyle, who is never weary of telling us that we ought to eschew happiness in favour of blessedness. ………In fact, contempt for happiness is usually contempt for other people's happiness, and is an elegant disguise for hatred of the human race.

From *Portraits from Memory*, p 215

今日の分析哲学の文献では、倫理学を分析的倫理学またはメタ倫理学（analytic ethics or metaethics）と規範的倫理学（normative ethics）とにまず大別するのが普通である。規範的倫理学が、実際に、いかなることがらが善であり、どのような行為が正しいかを探求し、教示しようとするのに対し、メタ倫理学はそのような探求それ自体の可能性、その諸条件、その性質などを問題とする。倫理学のこの二つの分野の区別と関係とをつねに明確に意識することは倫理学上の諸問題を考えるばあいにぜひとも必要であるから、ラッセルの倫理学説の紹介に当っても、まずかれのメタ倫理学上の立場を略説し、ついでその規範倫理に説き及ぶことにしよう。

ラッセルのメタ倫理学上の思想は六〇年にもわたる発展の過程において何度か転換をとげて来ていると思われ、また、比較的晩年の諸著作においても、かならずしも終始一貫しているとはいえない。初期の代表的な論文《自由人の信仰》（一九〇二年）は倫理価値の客観性をやや素朴に前提しており、また、〈哲学論文集〉（*Philosophical Essays*, 1910）に収められている《倫理学の基本》（The Elements of Ethics）と題する論文〔本書での引用は W. Sellars and J. Hospers, *Readings in Ethical Theory*, 1952 による〕では、あきらかにムーアの影響のもとに、「善」を定義不可能な、しかしそれにもかかわらずやはり客観的な性質と見る一種の直観的客観主義の立場がはっきりと表明されている。「このように、善・悪は、円いことや四角であることなどと全く同様に、われわれの意見とは無関係に、対象に属する性質である。そして、何かあるものが善いか否かについて二人の人が見解を異にするばあい、二人のうちの一人のみが正しいのである――もっとも、いずれの側が正しいのかをきめることが困難をきわめることもあろうが」〔*Elements of Ethics*, p. 7〕。「ゆえに、現に存在する事物の研究から、何が善であり何が悪であるかを推論することは不可能である。今日では、この結論は主として進化主義的倫理学を打破するものとして適用されねばならない。……このような見解〔すなわち、進化論的倫理学〕は全く論理上の基礎を欠いている。上述のように、自然の過程は何が善であり、悪であるかの決定には関連性をもたない」〔*Ibid.*, p. 8〕。「倫理学における最も基本的な概念は……本来《イントリンジック》的な善および本来的な悪の概念である。この両概念は他の諸概念からは全く独立のものであり、あるものの善さまたは悪さはそのものの他の諸性質——たとえばその存在または不存在など——から推定され得ない。ゆえに、現に起ることは起るべきことに対して何の関連性をもたず、また、起るべきことは現に起ることに対して何の関連性をもたない〔*Ibid.*, p. 32〕。

初期のラッセルのこのまがうかたなき客観主義※は、一九三五年に出た〈宗教と科学〉では、完全に棄て去られている。

※ 〈哲学の諸問題〉（一九一二年）においても、ラッセルはまだムーア流にアプリオーリな倫理的認識の可能性を信じていた。〔Cf. A. Wood, *B. Russell: The Passionate Sceptic*, pp. 60, 97—98〕この立場から情緒説への転換は一九一四年前後に行われたと推定され、そのきっかけを作ったのはサンタヤーナの批判だったといわれる。『善』とは定義不可能な概念であって、われわれはそれ自体に

おいて善いものがどのようなものであるかについて若干の一般的命題を認識しうるのだ、という説が、たとえばG・E・ムーア博士などによって主張されている。………私もかつてはこの見解をとっていたが、のちに、サンタヤーナ氏の〈学説の風潮〉(Winds of Doctrine)の影響もあって、これを放棄するに至った。現在の私は善および悪は欲望から派生すると考えている。」〔*An Outline of Philosophy*, p. 238〕

「『価値』に関する諸問題——すなわち、そのもたらす結果とは無関係に、それ自体において善いもの、または悪いものについての諸問題——が科学の領域の外の問題であることは、宗教の擁護者たちが力説するとおりである。この点において宗教の擁護者たちは正しいと私は思うが、私はさらにかれが引き出していないもうひとつの結論を主張したい。それは、『価値』に関する諸問題は全面的に認識の領域の外にあるということである。すなわち、何かあるものが『価値』をもつということを我々が主張するとき、我々は自分自身の感情を言い表わしているのであって、我々の個人的な気持の如何にかかわらず真であるような何らかの〔客観的〕事実を表明しているのではない」〔*Religion and Science*, pp. 230—231〕。「ある人が『これはそれ自体において善い』と言うとき、その人は、ちょうど『これは四角である』とか『これは甘い』などというばあいと同様に、ある命題《ステートメント》を主張しているように見える。しかし、このように考えることは誤りだと私は信ずる」〔*Ibid.*, p. 235〕。「上の分析にして正しいならば、倫理学は真または偽であるような命題《ステートメント》をふくむものではなく、ある種の一般性をもつ欲望《デザイア》、すなわち、人類一般の――および、もし神や天使や悪魔が存在するものならばこのような存在の―欲望に関する欲望から成り立っている。科学はたしかに欲望の原因を論じたり、欲望を実現するための手段を論ずる力はもっているが、その関心は何が真であり、または偽であるかということに向けられているのだから、固有の意味で倫理的な文章は科学の構成要素とはなりえない。〔原文改行〕私がここで主張している理論は価値『主観主義』と呼ばれる学説の一種であり、それは、二人の人が価値について見解を異にするばあい、何らかの種類の真理について見解の不一致が存在するわけではなく、趣味の相違があるのにすぎないのだ、ということを主張する」〔*Ibid.*, pp. 237—238〕。〈宗教と科学〉において詳細に展開されているラッセルのラディカルともいうべき価値情緒説（emotive theory of value）はコロンビヤ大学の哲学教授ブークラー（Justus Buchler）がラッセルの倫理学に対して加えた批判に対するラッセル自身の回答（この回答は、一九四三年、ペンシルヴェーニア州の有名なブリン・モア女子大学で書かれた）においても一層簡明な形でリステートされている。「………事実判断は――私見によれば――『真理』と呼ばれる性質をもちうるものであって、この性質が具わっているかどうかは誰かがそれについてどう思うかということには全く無関係に言えることである。……倫理上の判断にも、『真理』に類似した〔客観的な〕性質が具わっていたりいなかったりするのだ、と考えることは私にはできない。このことのゆえに、倫理学が科学とは別な範疇に属するものであることはみとめざるをえない」〔Schilpp, *Philosophy of B. Russell*, p. 723〕。

ラッセルのこの価値情緒理論（かれの立場を emotive theory と見るかそれとも一種の "naive subjectivism" と解すべきかについては若干の疑問が存するが、ここでは深く問わない〔Cf. P. Edwards and A. Pap, *A Modern Introduction to Philosophy*, 1957, p. 388. Cf. also P. Edwards, *The Logic of Moral Discourse*, 1955, p. 46〕）がかれの最も新らしい倫理学上の著作、〈倫理と政治における人間社会〉において根本的な修正を蒙っているかどうかは争いのあるところであるが、私見によれば、情緒説が放棄されたわけでは決してなく、むしろ、情緒説を再確認した上で、この学説がややもすればおち入りやすい規範倫理上の消極的な傍観主義を実際上いかに回避すべきかという点にラッセルの新らしい努力の跡が見られるにすぎない〔前出一〇一頁〕。なお、情緒説との関連で一言しなければならないのは、この立場を表明する論者は、当然にみずから倫理的な価値判断を下す権利を放棄するものだという一部の批判者の見解が全く根拠のないものであるという点である。ラッセル自身もこの点を再三強調しているが〔前出九七頁〕、最近ではアメリカの哲学者エドワーズ（Paul Edwards）が、特にラッセルの倫理学説に言及しつつ、この誤解を指摘している点が注目される〔Cf. P. Edwards and Pap, *A Modern Introduction to Philosophy*, p.389〕。今世紀の初頭以来ラッセルが展開してきた規範倫理思想は使徒的ともいうべき実にはげしい情熱に支えられたものであるが、このことはメタ倫理学の領域でかれがとるところの情緒説といささかも矛盾しないのである。

ラッセルのメタ倫理学についてもうひとつ重要な点は、自由意志対決定論という古い論争に関して、かれがあきらかに決定論の側に立ち、自由意志の否定は人間行動の倫理的評価の基礎を危うくするものであるとする伝統的な見解に反対して、決定論こそ合理的な規範倫理の不可欠の前提条件であることを説いていることであろう。〈宗教と科学〉（一九三五年）において、物理学の新らしい発展が自由意志問題にどのような光を投げるかをのべたのち、かれはつぎのように論を進めている。「心理学および生理学は——この両科学が自由意志問題に関連をもつかぎり――自由意志の措定を薄弱なものにする。内分泌の研究、脳の各部分の機能についての進んだ知識、条件反射に関するパヴロフの研究、抑圧された記憶や欲望の効果についての精神分析的研究などはすべて心的現象を支配する因果法則の発見に貢献してきた。勿論、右のいずれも自由意志の可能性がないことを証明したわけではない。しかし、この種の研究は、たとえ原因のない意志行為が存在するとしても、きわめて稀でしかないということを高い確実性を以て示している」〔*Religion and Science*, p. 163〕。また、前記の論文《倫理学の基本》(一九一〇年)においては、決定論の承認が決して倫理学を不可能にするものでないばかりか、むしろ自由意志の措定こそ倫理的評価の事実と相容れないはずだとかれは論ずる。「決定論を支持する諸論拠は圧倒的であると私は思う」〔Sellars & Hospers, *Readings in Ethical Theory*, p. 17〕。〔決定論が倫理的な賞讃・非難と十分に両立しうることをのべた後に〕「決定論は、ゆえに、決して道徳の障碍となるものではない。それどころか、自由意志の想定こそ、人がそれを本当に信ずるならば、道徳のきわめて重大な障碍となることに注目せねばならぬ。………他人の行為は原因をもたないということを本当に信ずるならば、他人の行動に影響を及ぼそうという努力をわれわれがするはずはないではないか。何となれば、どのような原因がわれわれの望むような行為をもたらすかということを多少とも知っているからこそ、このような影響が可能となるのであるから。………大抵の道徳は意志が原因をもつという想定を不可欠の条件としているのであり、道徳のいかなる部分もこの想定によって破壊されないのである」〔*Ibid.*, p. 22〕（決定論を道徳の前提条件と見る立場は行為の結果に重点をおく功利主義の倫理学説とも深く関連するが、これはもはやメタ倫理学の問題ではなく、規範倫理学の分野に属する）。

以上、ラッセルのメタ倫理学説について略述した。つぎに、かれが規範倫理学の分野でどのような思想を展開してきたかを吟味してみよう。

メタ倫理学の領域での情緒説の採用が決して論者から倫理的価値判断の権利をうばうものではないことについてはすでに述べたが、同時に、この立場をとることが規範倫理学の展開に際して論者にやはり或る種の制約を課することを忘れてはならない。就中、情緒説の承認は、当然のことながら、特定の規範倫理学説（たとえば、自由主義、全体主義、個人主義、功利主義、その他）についてその絶対性・客観性・普遍妥当性を主張《クレイム》することを論者に禁ずる。情緒説の主張者は、かれが首尾一貫しているかぎり、自己の提示する倫理規範体系がつねに相対的な、試行的《テンタテイヴ》なものにすぎないことを終始自覚していなければならない。かれは自分自身の（究極においては感情に根ざすところの）評価を表明し、読者ができるだけその評価に同調して行動するように望み、合理的な説得が有効であるかぎり、関連のある事実を摘示することによって同調をかち得ようとしているのにすぎないのであって、客観的・絶対的な「定言命令」を宣言しているわけではない。この点についてのラッセルの自覚はいつも実に明確である。「倫理上の諸問題についての説得は科学上の問題についての説得と当然ことならざるをえない。私見によれば、ある人がAはよいと判断するとき、その人はほかの人々が一定の欲望を感ずることを願っているのである。ゆえに、他の活動によって妨げられないかぎり、かれは、方法さえわかるならば、他人の心にそのような欲望を喚起しようと努めるであろう。説教《プリーチング》の目的はまさにこれなのであり、また、私がいろいろな書物で倫理上の意見を表明するに当って意図したところもここにあった。自分の欲望を説得的なしかたで提示する技術は論理的証明の技術とは全然ちがうものであるが、後者におとらず正当なものである」〔Schilpp, *The Philosophy of B. Russell*, p. 724〕。以上のことをわきまえた上で、ラッセルの規範倫理を検討してみることにしよう。

規範倫理にも、その内容の一般性のレヴェルに応じて、いろいろな段階が区別できる。ラッセルのばあい、規範倫理上の具体的な主張の紹介はのちにゆずるとし〔第二部3―5〕、ここではかれの規範倫理思想をやや一般的な角度から論じてみよう。

「善」の概念の定義不可能性を説くムーアの直観主義と訣別したラッセルは、ベンタム以来の功利主義の線に沿って、「善」、「悪」、「正」、「不正」などの概念を「欲望《デザイア》」によって定義しようと試みる。（この点については、ケンブリッヂでの学生時代の師のひとり、ヘンリー・シッヂウィックの影響があったのではないかと推測される。）この方向への試みは〈哲学概論〉（一九二七年）〔Cf. *An Outline of Philosophy*, p. 242〕その他多くの著作に散見するが、近著〈倫理と政治における人間社会〉（一九五四年）では、論旨の詳細な展開が見られる。彼によれば、倫理学において最も根本的な概念は（他のものへの手段として「よい」ものに対する意味での）「本来的によい」（intrinsically good）ものの概念であるが、ではこの概念はどう定義すべきものであろうか。「もし我々に欲望などというものがなかったならば、善と悪とを対立させることなどを誰も考えつかなかったであろうことはあきらかだと私は思う。………　自分の身に何が起るかということに対して我々が無関心だったたならば、我々は善と悪との対立、正と邪との対立、賞讃すべきことと非難すべきことの対立などを信じないであろうし、自分の運命がいかなるものであろうとも、それに服することを意に介しないであろう。無生物界においては、善いものも悪いものも存在しないはずである。〔そこで〕私は『善』の定義には欲望がどこかで入って来なければならぬと推論する。私は、欲望を充足するようなことがらを『善』とよぶこと、もっと正確に言えば、『善』を『欲望の充足』と定義することを提案する。………私はこれが『善』の唯一の可能な定義だなどと言い張るつもりはないのであって、ただ、ほかにも理論上可能な定義はいろいろあるが、そのどれにくらべても、この定義の諸帰結のほうが人類の大部分の倫理感情と一層よく合致すると主張しているにすぎない」〔*Human Society in Ethics and Politics*, p. 55〕。「………しかし、『善』という表現は曖昧だから、それに代えて『本来的価値』(intrinsic value) という表現を用いるほうがよい」〔*Ibid.*, pp. 111—112〕。「われわれが通常価値あるものとみなす事物をしらべてみると、この種の事物はすべて欲求され、または享楽されるものだということがわかる。………このことは『本来的価値』が欲求または快楽または両者によって定義されうることを示唆している」〔*Ibid*., p. 113〕。

こうして、ラッセルは、初期の作品においてはみずから強く反対していた自然主義の規範倫理、しかもその最も代表的な形態である快楽主義、を正面から採用しているように見える。現に、かれは、この線に沿って、一連の基本命題と基本定義とを提示した上で、つぎのように言う。「これらの定義および命題は、一旦採用されると、科学の諸命題が真（または偽）であるのと同じ意味で真（または偽）であるところの倫理的命題の統一ある一体系を与えてくれる」〔*Ibid*., p. 116〕。このことは、果して、かれが自然主義（またはさらに一般的に倫理上の客観主義）の諸要求《クレイム》を全面的に容認したことを意味するものであろうか。〈倫理と政治における人間の社会〉を通読すれば、（前にも一言触れておいたように）そうでないことがわかる。ラッセルは自分の提案する「善」の快楽主義的定義が「仮説的」なものにすぎぬことをことわっているし〔*Cf*. *Ibid*., p. 114〕、またつぎのことばが何よりもかれの基本態度を如実に示している。「上の理論において、倫理学は、単に願望的ないし命令的であるだけでなく真または偽であるような諸命題をふくむわけであるが、倫理学の基礎はあくまでも情緒的・感情的なものである……。そして、われわれが自分の採る倫理学説の採用を他人に求めるばあいに援用するのは経験的事実（facts of perception）ではなく、「正」、「不正」、「善」、「悪」の諸概念のもとになっている情緒や感情なのである」〔*Ibid*., p. 118〕。要するに、ラッセルの近作に見られる自然主義は、決してメタ倫理上のものではなく、単に規範倫理上のものにすぎない。言いかえれば、かれは、メタ倫理学の分野では（一九一四年ごろからの）情緒説を一貫して堅持しつつ、規範倫理学の領域において仮説的・試行的に一種の自然主義を採っているものと見るべきであり、ここにかれの倫理学説の大きな特色が見られるのである。

この一見看過しやすい、しかし実はきわめて重要な留保を別とすれば、ラッセルの規範倫理学説は、その内容において、ベンタム、ミル父子、シッヂウィックとつづいてきたイギリス功利主義の伝統を継承するものと見て大過ないであろう。ベンタムについて、ラッセルは、そのあまりにも十八世紀的・合理主義的な人間観を批判しつつも、道徳的にのぞましい結果の達成のためには単なる道学者風の説教は無力であり、私益と公益とをできるだけ一致させるような社会制度および世論の力が不可欠であることを説く点では全く一致している〔Cf. *Ibid*., p. 134〕。このことは、当然、規範倫理学が、有効なものであるためには、社会学、心理学、経済学、政治学、教育学などの分野での広汎な経験的探究と結合せねばならぬことを意味する。こうして、かれの倫理学の具体的内容はこれらの領域に分岐することになる。

ジョン・スチュアート・ミルのラッセルに対する大きな影響は、かれ自身もくりかえしみとめているところであるが、特に倫理思想における自由な個人人格の強調という点において顕著である。そして、まさにこの最高価値としての個人人格の強調こそ——ラッセルが書いた最も美しい散文といわれる《自由人の信仰》（一九〇二年）以来、最近の作品にいたるまでの、かれの規範倫理思想の核心をなすものにほかならない。「政治、経済およびひろく社会組織一般は、目的の領域でなく、手段の領域に属するものだということをわれわれはときに忘れがちである。………究極価値は、全体でなく、個人の中に求められねばならない。善き社会はそれを構成する各個人が善く生きるための手段であり、それ自体において独自の価値をもつものではない」〔*Authority and the Individual*, p. 73〕。

個人人格の発露に最高の価値を求める立場は、当然、政治的には自由主義とむすびつく。（「自由意志」を否定する——または少なくともその存在について極度に懐疑的な——ラッセルが「自由」を説くことは矛盾ではないか、という疑問がおこるかも知れない。しかし、かれの社会思想にあらわれてくる「自由」とは「個人の活動に対する外からの——特に国家権力による——強制の欠如」という常識的な意味に理解された概念であり、「自由意志対決定論」の論争にいわゆる哲学的な「自由」とは何ら直接の関係をもたぬものである。）かれにとって、自由それ自体は強制の欠如という消極的な状態であって、それ自身が本来的に価値のあるものではない。「〔自由が政治的価値の中で最高のものであるという趣旨の発言への註として〕私は、自由があらゆる価値の中で最大のものだ、とは言わない。最も価値の高いものはわれわれの内から発するものである——たとえば創造的芸術、愛、思想などのように。これらのものを助長したり、妨害したりすることは政治状態によって可能ではあるが、政治状態がこれらのものを本当につくり出すことはできない。自由は、それ自体においても、また上述の諸価値との関係においても、政治的および経済的諸条件が保障しうる最善のものである」〔*Roads to Freedom*, p. 121〕〔ラッセルの規範倫理思想の基調については、第二部5参照〕。

ラッセルの自由主義はかれの政治理論において一層具体的に肉付けされる。しかし、右の引用が示すとおり、かれの政治理論のめざす自由が、自己目的ではなく、あくまでも個人人格という究極価値に奉仕する手段価値にすぎないことを忘れてはならない。

3 政治思想

ラッセルの思想の他の側面と同じく、かれの政治理論も半世紀以上にわたる数多くの著書論文の随処に散見し、しかも、それが経済、倫理、教育などの諸問題とも複雑にからみ合っているので、その簡明な概観を与えることは至難である。ここでは、特に、ラッセルの政治理論において重要と思われる二つの点をえらんで、それについて簡単に記すにとどめたい。第一は権力の問題であり、第二は哲学と政治理論との関係の問題である。

徹底した自由主義者・個人主義者たるラッセルにとって、権力、特に政治権力、の問題は〈ドイツ社会民主主義論〉(一八九六年)、〈自由への道〉(一九一八年)、〈ボルシェヴィズムの実践と理論〉(一九二〇年)などの初期の著作を通じてつねに念頭をはなれない重大な意義をもちつづけてきた。勿論、かれのばあいには、ジャン・ジャック・ルソーなどとちがって、少数者の多数者に対する権力的支配の事実をいかに正当化すべきかということではなく、むしろ政治権力をそれ自体ひとつの悪――少なくとも必要悪――と見た上で、いかにしてそれを馴致《テーム》し、その生ずる害毒を可能な最小限度に抑えることができるか、ということが中心問題であり、したがって、ラッセルにとって権力の問題は quaestio juris ではなく、あくまで quaestio facti として捉えられてきた。〈権力論〉(一九三八年)はこの永年の課題に関するかれの最も重要な著作である。

〈権力論〉においては、「権力」は、単に政治権力としてのみでなく、もっとひろい、社会科学の全領域にかかわる根本概念として綜合的な角度から把握されている。この書物は、「物理学においてエネルギーが根本概念であるのと同じ意味で、社会科学においては権力が根本概念である」〔*Power*, p. 10〕ことを示すことを目的とするものであり、実に、「権力欲こそは社会科学の研究すべき諸変化をもたらす主要な動機」〔*Ibid.*, p. 13〕であると著者は言う。権力には政治権力(これはそれ自体、歴史的段階に応じて、種々雑多な形態をとってあらわれる)、経済的権力のほかに言論上の権力をふくめて多くの形態があり、その特定の一形態のみに排他的に注目する理論はどうしても一面性のそしりを免かれ得ない。政治権力の機能を偏重する伝統的な諸理論も、経済的権力に重点をおくマルクシストの理論も、権力の諸形態相互間に存する複雑な相互依存・相互作用についての多角的な考察によって補完されぬかぎり、あやまった結論にみちびく。

我々にとって実践上最も重大な問題はいうまでもなく、「いかにして権力を馴致し、無害化すべきか」ということであるが、この問題は、洋の東西を問わず、すでに古代からすぐれた人々が肝胆を砕いてきたところである。道教の思想家はこれを解き得ない問題と考えて無政府主義に走り、孔子はその解決を王道の実現に求めた。しかし、ちょうどそのころ、ギリシャでは民主政の最初の形態があらわれていた。しかし、その民主政は不安定であり、それに失望したプラトンは、孔子と同じように、哲人政治を構想し、その影響は遠く今日にまで及んでいる。それから二十数世紀のあいだ、人類は、軍事独裁、神政、世襲君主制、寡頭政、民主政、聖賢政治（たとえばクロムウェルの）など、いろいろな実験をくりかえしてきたが、まだ終局的な解決は得られていない。しかし、「歴史や人間の性質を研究する者にとっては、民主政が、完全な解決策ではないとしても、少なくとも解決策の不可欠の一部であることは疑い得ない。完全な解決策は、われわれが政治条件にのみ関心を限局するかぎり、見出すことのできないものであり、経済、プロパガンダ、環境と教育に依存する心理、などもともに考慮されねばならない」〔*Ibid.*, p. 286〕。「旧式の民主主義も新式のマルクシズムも、ともに権力の馴致をめざしてきた。前者は政治のみにとらわれていたために失敗し、後者は経済のみにとらわれていたために失敗した。両者の綜合なくしては、問題の解決は到底のぞみ得ない」〔*Ibid.*, pp. 297—298〕。

ラッセルの権力論は、若干の着眼点の斬新さにもかかわらず、結論に関するかぎり、きわめて常識的なところにおちついている。たとえば、すべての権力がつねに濫用への危険を内に蔵しており、外からの不断の抑制がなければ、一般民衆に重大な脅威を及ぼすものであり、社会主義体制下における権力も決してこの原則の例外ではありえない、というかれの年来の主張がここでもくりかえされている〔Cf. *Ibid.*, pp. 303 et seq.〕ことはラッセルを知る者なら当然予期するところであろう。しかし、ウェブ夫妻、バーナード・ショーなどのように当時のイギリスを代表する知識人で、しかもラッセルとも親交の深かった人々がこれと正面から対立する見解を表明していたことを想起するならば、かれのこの発言が必ずしも陳腐なくりかえしではなかったということを理解することができよう。また、権力馴致のために必要な心理的条件を論じた部分に、つぎのようなことばが見出されることも懐疑家ラッセルの面目をよく示している。「懐疑の傾向をおびた自由《リベラル》な気分《センティメント》の普及は社会協力の困難の度を少なくし、それだけ自由の可能性を増大させる。……集団的な興奮……は歴史によく見られるところであるが、それが存在するところでは自由は不可能となる。熱狂者を抑制することは力によってのみ可能であり、もしかれらを抑制できなければ、かれらのほうが他の人々に対して力を用いるであろう。……集団的熱狂を讃美することは無謀であり、無責任である。何となれば、その結果は暴力、戦争、死、および奴隷状態であるから」〔*Ibid.*, pp. 308—309〕。「近代的形態における専制政治はつねになんらかの信条《クリード》とむすびついている――たとえば、ヒトラーの信条、ムッソリーニの信条、スターリンの信条などのような。専制政治のあるところではどこでも、少年が思考能力を得る以前に一連の信条がかれらの心につぎこまれるのであるが、その教え方が非常に連続的で執拗なので少年たちは、のちになっても、初期の教育の催眠術的な効果から逃れることが全くできなくなってしまう。……二つの相対立する信条がこのような方法で教えこまれるとき、そこに生まれるのは正面から激突する二つの軍勢であって、互いに議論のできる二つの政党はそこからは生じない。……この種の独断主義は、われわれが独裁制をのぞまないならば、避けねばならず、また、それを避けるための処置が教育の不可欠の部分とならねばならない」〔*Ibid*., p. 313〕。「仮りに私が教育の実権を掌握したとすれば、私は、あらゆる時局問題に関して、相対立するいろいろな見解の最も熱烈で最も雄弁な唱道者たちを集めてBBCの学校向け放送で話しをさせ、子供たちにそれを聞かせるであろう。そして、あとで、教師たちが子供たちに放送での議論を要約させるようにし、雄弁と地味な理性とは互いに反比例の関係にあるということをおだやかにわからせるようにする。雄弁への免疫を獲得することは民主制下の市民にとって極度に重要なことである」〔*Ibid*., pp. 313—314〕。

ラッセルの政治理論の中で我々の興味をひくもうひとつの点は哲学と政治上の立場との関係についてのかれの見解である。上述のように、ラッセルは、かつて、自分の哲学と社会思想との間の牽連関係を否定するような発言をしたが〔前出一一四—一一六頁参照〕、数年後（一九四六年）に行なった講演で哲学と政治思想との関係を一般的に論じ、きわめて示唆にとむ見解を披瀝した。「哲学と政治」と題するこの講演は、のちに論文の形で発表されたが（〈アンポピュラー・エッセイズ〉一九五〇年所収）、このわずか二十数頁の小論文の中にラッセルの政治思想乃至社会思想が集約されていると私は思うので、ここにその内容を簡単に紹介しよう。

哲学と政治思想との間にどのような論理的関係があるか否かということは別問題として、両者の間に多かれ少なかれ緊密な関係が現に存続してきたという歴史的事実は動かしえない。大体において、経験主義は自由主義・民主主義とむすびついてきたし、いわゆる「理想主《アイディアリ》義《ズム》」は保守主義・全体主義と手をたずさえてきた（もっとも、一方ではヒューム、他方ではT・H・グリーンのような例外はあるけれども）。前者の系列に属する哲学者としては、デモクリトスやロックを、後者の陣営にはプラトンやヘーゲルをあげることができる。（プロタゴラスやヒュームのような極端な懐疑論者はどちらともきめられない）。伝統的なひろい意味での哲学は「宇宙の本質および宇宙における人間の位置に関する理論と、何をもって最善の生き方と見るべきかを教示する実践倫理とを結合」しようとする試み、すなわち一言で言えば「科学と宗教とを綜合」しようとする試み、から生じたものである。「その宇宙論と倫理学説とは互いに密接に関連し、あるときは倫理的な動機が宇宙の本質についての哲学者の見解を左右し、またあるときは宇宙論がかれを一定の倫理上の結論にみちびいた」〔*Unpopular Essays*, p. 11〕。伝統的な権威の社会統制力が衰えて社会の統合が危殆に瀕するような時代においては、哲学者はしばしば、宗教に代わる一見合理的な議論によって、失われた信仰を回復し、社会を瓦解から救うことを己が使命として自覚するようになる。（たとえば、ソフィストたちの懐疑論に対してはプラトンが、ヒュームに対してはヘーゲルが、それぞれ「答えた」わけである。）このことは、古代においても近代においても、哲学に甚だしい不誠実《インシンセリティ》をもちこむことになった。「明晰な思考は無政府状態に導くであろうという、多くのばあい無意識の危惧がむかしから存在したが、この危惧のゆえに哲学者たちは誤謬《ファラシー》と晦渋の靄の中に身をかくそうとしてきたのである」〔*Ibid.*, p. 13〕〔この点については一一七―一二〇頁参照〕。

経験主義と「理想主義」との対決の典型的な例は、古代ではデモクリトスとプラトンとの関係に、近代ではロックとヘーゲルとの関係に、これを見出すことができる。「いずれのばあいにも、経験主義は民主主義と、そして多少功利主義的な倫理学と、むすびついていた。いずれのばあいにも、新らしい哲学〔つまり、プラトンおよびヘーゲルの哲学〕はそれが克服した散文的な常識の哲学〔すなわち、デモクリトスおよびロックの哲学〕よりも高尚で深遠な哲学であると人々に信じこませることに成功した。そして、いずれのばあいにも、最も崇高なあらゆるものの名において、新しい哲学は不正、残虐、進歩への抵抗のチャンピオンと化したのである」〔Ibid., p. 14〕。プラトンは、デモクリトスの著作はことごとく火中に投ずべしと言ったと伝えられるが、かれのこの焚書の願いは完全にかなえられて、今ではデモクリトスの作品は断簡零墨さえも残っていない。それに対し、プラトンのほうはどうであろうか。「プラトンの〈国家論〉が、その政治的な面において、まともな人々の賞讃をかちえたということは、おそらく、全歴史を通じて、文学的事大思想（literary snobbery）の最もおどろくべき例であろう」〔Ibid., p. 16〕。〔ラッセルは、ついで、プラトンの政治思想の権威主義・絶対主義・全体主義的性格とその偽瞞性とを論ずるが、この部分は〈西洋哲学史〉の中のプラトンの章と同趣旨である〕。

「理想主義」型の哲学者は、科学の与える非情で散文的な世界像に満足せず、宇宙の中になんらかの「発展の公式」を求めようとする。かれは、事実をうまく取捨選択して、世界は自分の気に入らない状態から自分の好む状態へと発展し、前進するという一般法則を発見する。そして、この法則を信じない者をかれは「非哲学的・非科学的で時代おくれ」だときめつける。「このような立場を全面的に展開した最初の人物はヘーゲルであった。ヘーゲルの哲学は実に珍妙きわまるものであって、これをまともな考えをもつ人々に信じこませるなどということは到底期待できないことなのであるが、ヘーゲルはこれに成功してしまった。かれは晦渋をきわめたしかたで自分の哲学を開陳したので、人々はそれが深遠なものに相違ないと信じたのである。かれの哲学を平明なことばで述べることは非常にやさしいが、そうすると、その馬鹿馬鹿しいことが一目瞭然となってしまう」〔*Ibid.*, p. 20〕。〔ここで、ラッセルはヘーゲルの思想を簡単に紹介する〕。「人間というものは多少とも理性をもった動物であるという希望をまだ捨てていない人々にとって、このようなたわごと《ノンセンス》の寄せ集めが世に認められたということは驚くべきことといわねばならない」〔*Ibid.*, p. 23〕。

プラトン─ヘーゲル型の哲学は専制政治の理論とむすびつくが、一方、民主主義はどういう型の哲学と親近性をもつであろうか。「民主主義の理論的な基礎づけを可能にし、また、気質的にも民主主義と調和する唯一の哲学は経験主義である。ロックは、近代世界に関するかぎり、経験主義の創唱者とみなしてよい人物であるが、かれは経験主義が自分の自由・寛容論と、また絶対王政に対する自分の反対と、いかに緊密にむすびついているかということをあきらかにしている。かれはわれわれの知識の大部分が不確実であるということを倦むことなく強調しているが、その意図するところはヒュームのような懐疑論ではなく、人々に自分の考えが誤っているかも知れないということを、また、自分とちがった意見の人々と交わるばあいにこの点の考慮が必要だということを、自覚させることにあった。」〔Ibid., p. 25〕。

「自由主義の信条は、実際上、『みずからも生き、他人をも生かす』という信条であり、公けの秩序がゆるすかぎりでの寛容と自由の信条であり、政治上の綱領に狂信を盛ってはならぬという信条である。……本当の自由主義者は『これは真だ』とは言わない。かれは『現状においてはこの見解が最善だという考えに私は傾く』と言うのである。」「自由主義のものの考えかたの核心は見解の内容にあるのではなく、その主張のしかたにある。自由主義者は自分の見解を、独断的にではなく、試行的に（tentatively）主張し、また、それが新らしい証拠によっていつでもくつがえされうることを自覚している。これが科学における主張のしかたであり、神学における主張のしかたと対立する。ニケアの宗教会議の決議は今日でもなお権威を維持しているが、科学では十四世紀の意見はもはや何の力をももっていない。……

……科学は経験的、試行的、非独断的なものであり、確乎不動の教義はすべて非科学的である。ゆえに、科学的なものの考えかたは、実践の面での自由主義のものの考えかたに相当するものである」〔Ibid., pp. 27—28〕。「経験主義の認識論——私は、若干の留保をつけながらも、これに左袒するのだが——は独断と懐疑との中間に位する。………科学の理論が受け入れられるのは、それが一層進んだ研究を示唆する仮説であって、その中にある若干の真理のゆえに現在までの観察結果を相互に関連づけることを可能にするものだと考えられるからである。しかし、頭の正常な人はこのような理論が不動の完璧さをもっているなどとは考えない」〔*Ibid.*, pp. 29—30〕。「今日、われわれはふたたび宗教戦争の時代に身をおいている——もっとも、現代の宗教は『イデオロギー』とよばれているが。この事態のもとで、自由主義哲学は多くの人の眼にはあまりにもおとなしすぎて中年的であると映じ、理想主義的な青年は何かもっと迫力のあるもの、何かあらゆる問題にはっきりと答えてくれるもの、使命に充ちた活動を要求し征服のもたらすべき千年王国の希望を与えてくれるものを希求してやまない」〔*Ibid.*, p. 29〕。〔このように論をすすめた後、ラッセルはつぎのように結論する〕。

「私はこう結論する。すなわち、現代においても、ロックの時代と同じく、経験主義的自由主義（これは民主主義的社会主義と決して相反するものではない）こそ、一方では自分の信念に対して何らかの科学的な根拠を要求するとともに他方では特定の党や信条の勝利よりは人間の幸福を希求する人士のとりうる唯一の哲学である、と。（後略）」〔*Ibid.*, pp. 33—34〕

一般的に言って、民主主義をいわば哲学的に基礎づけようとする理論には二つの流れがある。その第一は、価値相対主義――すなわち、いくつかの異る価値観が相対立するとき、そのうちのいずれが真であるかを学問的・客観的に確定することは原理上不可能であるとなす主張――であり、これはヨーロッパ大陸の学者、その中でも特に新カント学派の系列に属するマックス・ヴェーバー、グスタープ・ラートブルフ、ハンス・ケルゼン、などが力説してきたところである。第二の流れは経験主義の認識論に根ざすものであり、この立場は、主として事実認識について、その先験的確実性を否定し、人間の認識がすべて仮説的性格をもつことを強調して、そこから、特定の内容をもった見解が絶対不変の真理として強制されるような社会体制を真向から批判し、寛容の政治体制を要請する。この第二の立場の古典的表現はJ・S・ミルの〈自由論〉に見られるが、この点についても、ラッセルがミルの理論を継承し、一層展開していることは右の引用からもあきらかである。かれがメタ倫理学において価値情緒説を採っていることは〔第二部2参照〕、第一の型の民主主義擁護論をも理論上可能にするはずであるが、ラッセル自身の著作の中ではこの可能性は利用されていないようである。

4　マルクシズムの評価

One of the most interesting and harmful delusions to which men and nations can be subjected, is that of imagining themselves special instruments of the Divine Will. We know that when the Israelites invaded the Promised Land it was they who were fulfilling the Divine Purpose, and not the Hittites, the Girgashites, the Amorites, the Canaanites, the Perizzites, the Hivites, or the Jebbusites. …… Andrew Jackson was the agent of the Manifest Destiny in freeing North America from the incubus of Sabbath-breaking Spaniards. In our day, the sword of the Lord has been put into the hands of the Marxists. Hegel thought that the

Dialectic with fatalistic logic had given supremacy to Germany. "No," said Marx, "not to Germany, but to the Proletariat." This doctrine has the kinship with the earlier doctrines of the Chosen People and Manifest Destiny. In its character of fatalism it has viewed the struggle of opponents as one against destiny, and argued that therefore the wise man would put himself on the winning side as quickly as possible. That is why this argument is such a useful one politically.

From *Unpopular Essays*, pp. 206—207

ラッセル、特に晩年のラッセル、は共産主義の忌憚ない批判者としてひろく知られており、そのために、マルクシストの陣営から理論的にも政治的にも終始はげしい攻撃を受けてきた。しかし、ラッセルの共産主義批判をもって、自由主義的なイギリス貴族の偏見と無知の所産となすことがいかに当を得ていないかは今から実に六五年前、かれが二四歳のときに世に出た処女作〈ドイツ社会民主主義論〉（一八九六年）一冊をひもといて見るだけですでに一目瞭然であろう。新妻アリスとともにドイツに渡り、生来の驚嘆すべき洞察と精力とをもってマルクシズムの研究に没頭した青年ラッセルの情熱が全篇にみなぎっているこの本では、まず何よりも、偶像破壊者ラッセルが同志マルクスに寄せる強い共感が読者の心をとらえる。たとえば、〈共産党宣言〉について、「比類ない文学的価値をもつこの作品は〔マルクス・エンゲルスの思想の〕要点を示している………。簡潔な雄弁、寸鉄人を刺すウィット、歴史的洞察の点で、これは古来の政治文献中最高のもののひとつであると私は信ずる」〔*German Social Democracy*, p. 10〕。「この偉大な作品は唯物史観のもつ叙事詩的な迫力をすでにことごとく具えている――すなわち、その冷酷で感傷を交えない宿命観を、道徳と宗教に対する蔑視を、そしてまた、あらゆる社会関係を非人格的な生産諸力の盲目の作用に還元してしまうやりかたを。………マルクスは資本をはげしく憎み、この憎悪がしばしばかれの論理をくもらせてはいる。しかし、かれは自説のよりどころを、決して、ユートピア亡者どもの説教する「正義」や感傷的な人間愛………に求めることをせず、それをひとえに歴史的必然性に求めるのである」〔*Ibid.*, pp. 13—14〕。この処女作以後も、〈自由への道〉（一九一八年）、〈ボルシェヴィズムの実践と理論〉（一九二〇年）、〈自由と組織〉（一九三四年）、〈権威と個人〉（一九四九年）その他数多くの著作を通じて、ラッセルはマルクシズムを紹介し、批判してきた。多くの重要な問題に関するかれの見解が新らしい著作が世に出るごとに大きな転換をとげることについては、いままでもくりかえし述べてきたが、ことマルクシズムに関するかぎり、かれの理論の根本は一八九六年以来ずっと一貫していると見てよいであろう。

ラッセルは、まず、マルクスが、被搾取階級の現状に対するはげしい義憤にもかかわらず、他の多くの社会思想家とちがって、あらゆるロマンチシズム、あらゆる希望的《ウイッシュフル》思考をしりぞけて、つねに冷静に、学究的に現実を分析し、決して非科学的な直観に逃避しなかったこと〔Cf. *History of Western Philosophy*, p. 811〕を高く評価する。また、歴史の過程を説明するための仮説としての唯物史観が、いろいろ欠点をふくみはするが、きわめて重要なテーゼであることを認めるのにやぶさかでもない。しかし、哲学者としては、「マルクスはあまりにも実践的であり、時代の問題に没頭しすぎたきらいがあった」〔*History of Western Philosophy*, p. 816〕。すべての哲学上の問題を人間や社会の問題としてしか把握できない視野の狭さ——すなわち、ラッセルのいわゆる「宇宙への不敬」（cosmic impiety）——が、少なくとも哲学としてのマルクシズムの根本的欠陥として指摘される。しかし、もっと重大なのはマルクスの体系に見られるヘーゲルの影響である。「大体において、マルクスの哲学の中でヘーゲルに由来する部分はすべて非科学的である。何となれば、それが真であると信ずべき理由が全然ないからである」〔*Ibid.*, p. 816〕。したがって、マルクス理論におけるヘーゲル的装飾、特に弁証法はとってしまったほうがよい、ということになる〔Cf. *Ibid.*, p. 817〕。同様のことは形而上学として解されるマルクスの唯物論についてもあてはまる。（唯物論を「形而上学」と見ることに対しては、勿論、マルクシストの側から強い反論が期待されるが、ここでは、哲学の立場としての唯物論――観念論に対する――がマルクス理論の中の経験科学的部分にとって不要であるというラッセルの主張に重点をおいて考えてみよう。）「認識可能なものは、形而上学の助けを借りずに認識できるのであり、また、現に、マルクスはその著作の中で多分に詳細な歴史的議論を展開しており、またそれは大体において妥当な議論なのだが、どれをとっても、その基礎は全然唯物論には求められない」〔*Freedom and Organization*, p. 293〕。大抵のマルクシストは自分の奉ずる思想体系が「哲学と科学との緊密な綜合」であることを力説するが、ラッセルに言わせれば、まさにこの両者の吻合こそ双方に不幸をもたらす禍根なのである。

「………哲学的唯物論といわゆる『唯物史観』との間にはいずれの方向にも論理的な関連は全く存在しないのである。〔原文改行〕このようなことをわきまえることは重要である。何となれば、そうでないと、政治理論を全く関連のない理由にもとづいて支持したりそれに反対したり、また、人間の性質についての具体的事実に立脚する諸問題に答えるのに理論哲学の議論を援用したりすることになるからである。この混同は哲学をも政治学をもともにそこなうものであるから、ぜひ避けなければならない。………マルクス流共産主義の教義《ドグマティック》的性格はこの教説の基礎が哲学的なものであると考えられている点に立脚する。この教説は近代科学のもつ可変的な流動性と懐疑的な実際性ではなく、カトリック神学のもつ固定した安定性を特色としている。〔原文改行〕厳密な形而上学的法則としてではなく、実際的な近似論と解されるかぎり、唯物史観は非常に多くの真理をふくんでいる」〔*Practice and Theory of Bolsbevism*, pp. 120—121〕。

哲学としてのマルクシズムの中でラッセルが問題とするもうひとつの点はマルクスの認識論に見られる「真理」の観念である。「客観的な真理の認識が可能かどうかということは、理論の問題ではなく、実践の問題であり、これを実践からきりはなして扱うのはスコラ的な誤りである」となすマルクスの有名なテーゼを論じて、ラッセルは、この立場が結局一種のプラグマティズムであり、表現こそ異るけれども、その根本の趣旨においてジョン・デューウイの認識論と全く軌を一にするものであると結論する〔Cf. *Freedom and Organization*, p. 221〕。ジェームズ、デューウィなどのプラグマティズム的ないし「道具主義的」な真理観に対するラッセルの批判は二、三の著作において詳しく展開されているが〔Cf. e. g. *The Impact of Science on Society*, pp. 101—103〕、実践の理論への優位を力説したマルクスにも同じ誤謬が指摘されるとかれは見るのである。なお、マルクスの後継者たちが、エンゲルスをもふくめて、この点で開祖の見解から実質上やや遠ざかって行ったことをラッセルが指摘している点は興味ふかい。

経験科学としてのマルクス理論に対しても、若干の具体的な論点に関して、ラッセルは詳細な反論を随処に試みている。そのうちでも、いわゆる剰余価値説に対する批判、唯物史観における階級の役割の偏重（もっとも、この点についてのラッセルの疑問はレーニンの帝国主義論によってある程度答えられていると思われるが）に対する疑念、生産様式の変化において科学的な発明・発見が果す役わりをマルクスが十分に考慮に入れなかったことの指摘などが我々の興味をひくが、これらはいずれも経済学、史学その他の経験科学の扱うべき問題であるから、ここでは深く問わないことにしよう。

これらのどちらかと言えば具体的な諸問題点のいずれにも増して、ラッセルをしてマルクス哲学に強く反対させる最大の理由はその教義的・宗教的・メシア的性格およびそこから生ずる不寛容の雰囲気である。「私の考えでは、共産主義が一種の宗教であり、また、キリスト教と同じく、迫害を正当化するために用いられうる宗教であることを最初に指摘した人物はラッセルではないかと思う（すでに早くも〈ドイツ社会民主主義論〉においてかれがマルクシズムを宗教と呼んでいることに注意）」とアラン・ウッドも書いている〔Cf. Wood, *B. Russell*, p. 131〕。この立場が一八九六年以来最近までかわっていないことは、一九五七年に（ポール・エドワーズを編者として）出版された論文集〈なぜ私はキリスト教を信じないか〉の序文に徴してもあきらかである。「私がむかしほどは既成の宗教に対して反対の立場をとらなくなったという噂が近年流布されているようだが、これは全く事実無根の風説である。私は世界の大宗教――仏教、ヒンズー教、キリスト教、回教および共産主義――はすべて真でないと同時に有害でもあると思っている」〔*Why I am not a Christian*, p. v〕。「少数の堅信者の独裁を奉ずる共産主義の信仰は数々の恐るべき結果を生み出した」〔*Ibid.*, p. vii〕。また、この書物に収録された

「宗教はわれわれの苦難を解決しうるか」と題する論文（これは一九五四年に書かれた）も同じ点にふれている。「通常、キリスト教の擁護者たちは共産主義はキリスト教とは全くちがったものだと考え、共産主義の諸悪とキリスト教諸国民が享受しているといわれる恵沢とを対照させる。しかし、これは甚だしい誤りだと私は思う。共産主義の害は信仰の時代（すなわち中世）のキリスト教に見られた害と同じものである。ゲー・ペー・ウーと宗教裁判との相違は程度問題にすぎない。ゲー・ペー・ウーの残虐行為は宗教裁判のばあいと同じ種類のものであり、ロシヤ人の知的・道徳的生活に対するその害は宗教裁判所がその力の及ぶところで加えた害と同じ種類のものである。共産主義者は歴史を偽作するが、教会も、ルネッサンスまでは、同じことをしていた。現在の教会がソヴィエト政府ほどひどくないことはたしかであるが、それは教会を攻撃した人々のおかげなのである。トレントの宗教会議から今日にいたるまで、教会の改善はすべてその敵の手によるものである。……本当に危険だと考えられるのはソヴィエトの教説それ自体ではなくて、むしろ、その教説が守られているやりかたなのである。ソヴィエトの教説は神聖不可侵のものとして守られ、それに疑いをさしはさむことは罪悪であり、最もきびしい刑罰に値いすることとされる。……キリスト教と共産主義とを互いに相容れないものにしているのは、実は、両者の類似点にほかならないのである。………キリスト教がむかしにくらべて無害になってきたことは私もみとめるが、それはキリスト教がむかしほど熱烈に信奉されなくなったからなのである。時がくれば、共産主義にも同じような変化が生ずるかも知れないし、そうなれば、共産主義の信条も現在ほど有害でなくなるであろう」〔*Ibid.*, pp. 197―199〕。「共産主義の最も危険な諸特色は中世の教会のそれに似ている。聖なる文献に具現された教義の狂信的な信奉、これらの教説を批判的に吟味しようという意欲の欠如、およびそれを拒む人々への野蛮な迫害、がそれである」〔*Ibid.*, p. 204〕。

第二次大戦直前にオーストリヤからニュージーランドに亡命し、現在ロンドン大学の哲学教授であるカール・ポッパー（Karl Popper）は、不朽の名著〈開いた社会とその敵〉（*The Open Society and Its Enemies*, 1945）において、古代ギリシヤから現代にいたるまでの「歴史主義」（historicism）の系譜を徹底的に追及し、マルクシズムをもこの系列に属する最も重要な思想としてこれに犀利な分析を加えたが、それとほとんど同時に（そしておそらく独立に）ラッセルが同趣旨の発言をしていることは実に興味ふかい。〈西洋哲学史〉（一九四六年）の中の、聖アウグスチーヌスの哲学を論じた章の中で、かれはつぎのように言う。「過去・現在を問わず、ユダヤ型の歴史はあらゆる時代の虐げられた者、不幸なものの心に強くアピールするものを持っている。聖アウグスチーヌスはこの型をキリスト教に合わせ、マルクスはこれを社会主義に合わせた。マルクスを心理学的に理解するためには、つぎのような辞書が必要である。

ヤ ハ ウ ェ＝弁証法的唯物論
救 世 主＝マルクス
選　　民＝プロレタリアート
教　　会＝共産党
再　　来＝革命
地　　獄＝資本家の処罰
千年王国＝共産主義社会

この表で、左辺は右辺の情緒的内容を表わしており、このような情緒的内容はキリスト教やユダヤ教の雰囲気の中で育った者にはなじみの深いものであるが、これこそマルクスの終末論を人々に信奉させているものなのである」〔*History of Western Philosophy*, p. 383〕。

このように、マルクス主義哲学に対するラッセルの反対理由の最も根本的なものはこの哲学そのものの内容に対してではなく、むしろ、そのまわりをとりまいている宗教的・教義的雰囲気にむけられている。（もっとも、このことは、間接には、この哲学そのものの内容とも関連すると考えるべきであろう。特に、理論と実践との「弁証法的統一」を唱道し、哲学を一方では経験科学と、他方では社会的実践と直結しようとするマルクシストの主張は、その信奉者に統一的な世界像とそれに支えられた強い使命感とを与える）。ソヴィエト共産党を中世の教会に擬して、その不寛容と異端者への迫害をきびしく攻撃するラッセルのことばは勿論主としてスターリン体制に向けられたものであり、したがって、スターリンの死後、特に、フルシチョフ時代になってからのソヴィエト社会の――いろいろと問題はあるにせよ、とにかくあきらかに個人の自由を守る方向への――新らしい発展の前では、若干の修正を要すると思われる。そのせいかどうかはあきらかでないが、最近数年間におけるかれの政治的発言は、重ねてソヴィエト体制の非を鳴らすことよりも、むしろ、東西両体制それぞれの側での狂信的なショーヴィニズムが「究極兵器」の時代には人類全体の破滅をもたらすものであることの警告に重点をおくようになってきている〔後出第二部5参照〕。

5

戦争と平和の思想

Broadly speaking, we are in the middle of a race between human skill as to means and human folly as to ends. Given sufficient folly as to ends, every increase in the skill required to achieve them is to the bad. The human race has survived hitherto owing to ignorance and incompetence; but, given knowledge and competence combined with folly, there can be no certainty of survival.

From *The Impact of Science on Society*, p. 120.

戦争と平和の問題、ならびにそれと関連して軍縮、世界政府などの諸問題は、すでに第一次大戦前からラッセルの関心をつよくひいてきたし、この方面でのかれの著作は実に多い。第一次大戦の末期にかれが反戦論者として四ケ月余獄中生活を強いられたことは既述のとおりだし〔四五頁参照〕、また、第二次大戦の終った一九四五年の秋に早くも原爆戦争の惨禍について警告を発したかれが、それ以来今日にいたるまで核兵器禁止運動のチャンピオンとして終始世界に呼びかけてきたことは特にくりかえすまでもない。〔八五―八七頁参照〕

平和主義者ラッセルが戦争について語るとき、かれは勿論「哲学者」の資格においてではなく、市民として、人間として語っている。だから、ヘラクレイトスやヘーゲルがかれらの「戦争の哲学」をもっていたのと同じ意味で、ラッセルに「戦争と平和の哲学」を求めることはできない。このことは上に引用したラッセル自身のことばからも推察されるが、「科学と価値」についてのかれの徹底した二元論からも当然出てくる帰結である。ゆえに、戦争の「栄光」やその「世界史的使命」を哲学や科学の成果の援用によって論証することが不可能であるのと同様に、平和主義の信条を哲学的・科学的に直接正当化することもやはりできない。戦争を讃美し、軍国主義を積極的に正当化するためには、ヘーゲルが用いたような「哲学的」論法がどうしても必要となる。〈戦争を肯定するヘーゲルの国家哲学に対するラッセルの批判はかれの〈西洋哲学史〉中のヘーゲルの章に見られる。〉正常な感情と良識とを具えた現代人にとって戦争がそれ自体きわめて重大な社会悪であることはほとんど自明の「公理」であり、もし戦争の是非について問題の生ずる余地があるとすれば、それは「個々の戦争は果して、また、どんな条件のもとに、より大きな悪を除去するための手段として正当化されうるか」という形においてしか考えられない。

かれの長い言論生活において、ラッセルは、戦争一般について、また特定の諸戦争について、多くの機会に自己の所信を表明してきた。かれの戦争に対するここ半世紀間の態度を跡づけて行くと、一見そこに若干の矛盾があるようにも思える。たとえば、第一次大戦中「敗北主義者」、「ボルシェヴィスト」としてケンブリッヂの教壇から追われ投獄のうきめにさえ遭ったかれが、第二次大戦においては連合国側の武力行為を支持したこと、また、第二次大戦直後のある時期において原子力の国際管理のためには西欧側の軍備もある程度は必要だと説いたかれが、その後西欧側の一方的軍縮を提案していること、などはしばしば論敵によって指摘されている点である。これに対して、ラッセルは自分の根本的立場は一貫しているが、政治的・社会的・技術的条件の変化にともなって、そのときどきの状況に対する対策も当然変化すべきだといって応酬してきた。果してかれの根本的立場は一貫しているのであろうか、それとも、論敵の主張するように、かれはいわば日和見的に態度を豹変させてきたのであろうか。

第一次大戦の初期、普通の民衆が戦争をたのしんでいるという不可解な事実に直面し、バーナード・ハート（Bernard Hart）の〈狂気の心理学〉（*The Psychology of Insanity*）によってはじめてフロイト学説にふれたラッセルは〔前出四三頁〕、抑圧的な教育制度によって民衆に好戦的な衝動がうえつけられるかぎり、恒久的な平和はありえないということを確信するようになる。第一次大戦中の講演をもとにしてできた〈社会再建の原理〉（一九一六年）はラッセルの思想のこのような変化をはっきり示している。かれにとって、戦争は何よりもまず「恐怖の子」であり、それを避けるためのもっとも根本的な対策は教育の改革以外にありえなかった。

第一次大戦中のラッセルは平和主義者、それもきわめて行動的な平和主義者ではあったが、決して無条件的・絶対的パシフィストではなかった。「そのときも〔第一次大戦中のこと〕、後になってからも、私はあらゆる戦争が間違っているとは思わないのであって、非難したのはこの戦争であって、あらゆる戦争ではない。第二次大戦は必要と考えたが、それは戦争にかんする意見が変ったためではなく、時の事情が違っていたからである」〔中村訳《自伝的回想》、一〇ページ〕。この引用はかれの後年の回想からのものであるが、第一次大戦初期に発表された《戦争の倫理学》（*The Ethics of War*, 1915）と題する論文にもこの思想ははっきりと示されている。「この戦争〔第一次大戦〕においてはどの交戦国もすべて正当な理由を欠いていると私は思うが、それにもかかわらず、戦争というものがあらゆるばあいに犯罪であるとは私には信じられない」〔*Justice in War Time*, p. 19〕。この論文でかれは戦争を㈠植民化戦争、㈡主義戦争、㈢自衛戦争、㈣プレスティージの戦争（wars of prestige）の四種にわけて〔Cf. *Ibid.*, p. 27〕そのおのおの許容性を検討したのち、第一次大戦が「プレスティージの戦争」であることを指摘し、それをできるだけ早く終結させることの必要を力説した。当時のイギリスの世論はカイザー治下のドイツの本質的侵略性についてのつよい猜疑に根ざすものであったが、この点についてもラッセルの事実認識はちがっていた。「われわれの側の戦争宣伝はカイゼルのドイツを残虐だとのべたてたが、事実は、からいばりにいばつて少し馬鹿げているだけのことだった。私はカイゼルのドイツに住んだことがあったので、この国の進歩的勢力が非常に強く、究極的な成功を収める展望を十分もっていたことを知っている。カイゼルのドイツには、現在の英国とスカンジナヴィア以外のいかなる国よりも自由があった。当時われわれは、自由のための戦争、民主主義のための戦争、軍国主義反対のための戦争、という風に教えられた。その戦争の結果として、自由は大幅に減少し、軍国主義は大幅に増大したのである。民主主義にいたっては、その将来はいまだに疑わしい。第一次大戦における英国の中立が、ドイツの急速な勝利を許していたら、世界がいまのような悪い状態になったと考えることはできない」〔〈自伝的回想〉、中村訳、一一ページ〕。

第一次大戦の終結はもちろんかれに大きな喜びをもたらしたが、しかしそれも永くはつづかなかった。何となれば、ヴェルサイユ体制における敗戦国ドイツへの苛酷な条件は、かれの眼には、つぎに来るべきもっと大きなカタストローフェへの不吉な序曲として映じたからである。ウィルソンの理想主義と国際連盟とはラッセルの心から歓迎したところだったが、かれの現実感覚は勿論それだけでは満足しなかった。「しかし国際連盟は、私有財産制の廃止と同じく〔この時代のラッセルが土地と資本の私有の廃止を戦争防止のための一条件と考えていることは、ついでながら、興味ぶかい〕〔Cf. *Roads to Freedom*, p. 156〕、それだけではまだ決して十分とはいえず、それと同時に、またはそのすぐあとでほかの諸改革をともなわなければならない。………平和確保のためのもっともあきらかな必要条件のひとつは軍縮である」〔*Ibid.*, p. 158〕。

ヴェルサイユ体制の圧力は、ラッセルが心配したとおり、軍国ドイツの復活を予想以上のテンポで促進する結果となった。「戦争と平和」の問題についてラッセルがこのころ書いた書物としては〈平和への道〉(*Which Way to Peace?*, 1936) がわれわれの興味をひく。ウッドはこの本を指して、ラッセルのあらゆる著作のうちでもっともラッセルらしくない本だとしている〔Cf. Wood, *B. Russell*, p. 185〕。たしかに、ヒトラーの暴政がはじまってからすでに数年を経た時期に書かれたこの本で、ラッセルが一種の「敗北主義的」な見解、すなわち、起りうべき対独戦争において、イギリス人は全くの無抵抗をもってのぞむべきだという見解、をとっていることは、数年後(第二次大戦勃発後)のかれの態度からみても、一見奇異の印象を与える。しかし、この見解には、当時としては、それなりの理由をラッセルはもっていた。

そのひとつは、かれが来るべき第二次大戦において航空機の果すべき破壊作用を十分に予見していたことに加えて、毒ガスおよび細菌戦による極度の惨禍をおそれていたことであった。幸いに、毒ガスおよび細菌戦については、かれの危惧はほとんど杞憂におわったが、近代軍事技術がすべての戦争を無条件に許されないものにしつつあるというラッセルの根本認識(これは、今日、原水爆・ＩＣＢＭ時代のラッセル平和論の根本前提である)は、すでにこの書物にあらわれている。第二の理由は、ナチの暴虐が第二次大戦においてあれほど極端なすがたをとるであろうということを当時のラッセルが十分に予見しえなかったことに求められる。

「平和への道」に示されたドイツへの無抵抗主義は、このように、当時のラッセルの(今日から見れば誤った)事実認識に立脚していた。一九三八年、Ｎ・チェンバレンがミュンヘンでヒトラー懐柔策に一見成功したとき、ラッセルはアメリカにいたが、これに対して支持を表明している。一九三九年二月一一日の〈ネーション〉(一四八号)は、「戦争よりはミュンヘンをとる」(Munich Rather than War)という題でかれの見解を伝えている。しかし、現実に第二次大戦が勃発してイギリスが危険にさらされるに至って、かれは自分の情勢判断が一面において甘かったことに気づき、連合国側の戦闘行為を積極的に支持しはじめた。一九四一年一月二七日の〈ニューヨーク・タイムズ〉は「ラッセル博士平和主義を否定」(Dr. Russell Denies Pacifism) という見出しで書簡をのせているし、また、同年二月一六日の同紙は「永年の平和主義者も今次戦争は肯定」(Long Time Advocate of Peace Approves Present War) という見出しをかかげている。さらに興味ある記事は〈ニュー・リーダー〉(The New Leader) 一九四一年九月二七日号にのった「バートランド・ラッセル全面軍備管理を伴なう世界連邦の建設を力説」(Bertrand Russell Urges Creation of World Federation Controlling All Armaments) と題する記事であろう。このころから大戦の終結にいたるまで、戦後世界の構想、世界政府、軍縮などの問題についてラッセルの発表した論文は十指に余るほど残っている。一九四五年は大戦終結の年であるとともにラッセルの劃期的な《西洋哲学史》が出版された年でもあるが、同年の十月には早くも《原爆戦をいかにして避けるか》(How to Avoid the Atomic War, *Common Sense*, v. XIV, pp. 3—5) という論文が出ている。

このように、第二次大戦勃発直前にいたる一時期において、ラッセルは相当極端な反戦論者だったが、その反戦論は第一次大戦のときとはちがった情勢判断にもとづいていた。しかし、大戦勃発後間もなく、かれはこの情勢判断を訂正し、その対独無抵抗主義を撤回した。これをもって、かれの「平和主義」の放棄と見るかどうかはむしろことばの問題である。かれの言動の実質に着目するかぎり、私はこれを、かれの根本的には一貫した平和愛好的態度のいわば戦略的なあらわれの変化としてとらえるのが、もっとも公平だと考える。

第二次大戦後、世界が核兵器の時代に入ってからのラッセルの旧に倍する平和運動についてはすでにのべた〔前出八五―八七頁〕ので、ここではかれの戦後の言動の中で特に問題となる二つの点についてのべよう。

第一の点は、ウッドが指摘するように、原爆時代のかれの発言と水爆の出現以後の発言とのあいだには相当重要な変化が見られるということである。ウッドのことばをそのまま引用してみよう。「第二次大戦直後の数年間、ラッセルはソヴィエト・ロシアによって征服されるよりも、むしろ原爆戦争を自分はえらぶだろうということを力説していた。………かれの立場はかれ自身がすでに予言していた水爆の出現によって今では変ってきた。かれの考えでは、国際政治が生存か自殺かという究極の選択にまで追いつめられた以上、啓蒙された利己心に機会を与えるべきときがついに来たのだ」〔Wood, op cit., p. 238〕。かれの論敵、たとえばニューヨーク大学のシドニー・フック（Sidney Hook）は、ラッセルのこの立場の変化を強く批判する。これに対するラッセル自身の答弁はきわめて明快である。「私の批判者たちは、ひとたび特定の政策を採用したら、どんなに情勢がかわってもそれを維持しなければならないと考えているようだが、この考えはまったく不合理である。………私は今まで完全な平和主義者だったことは一度もなく、戦争を行なう者はすべて非難されるべきだと言ったこともない。………現在の情勢の特異であるゆえんは、大戦争が万一おこれば、双方の交戦国民および中立国民がすべて一視同仁に敗北するだろうということにある。これは新たな情勢であり、戦争はもはや政策の道具としては用いられえないということを意味する。………私は自分の主張する政策が時に応じて変化してきたことを否定しはしない。それは情勢の変化に呼応して変化してきたのである。同一の目的の達成のために、正気の人間は自分の政策を情勢に順応させて行く。これをしない人間は狂人である」〔*Common Sense and Nuclear Warfare*, pp. 90—91〕。

もうひとつの問題点はラッセルがジョーゼフ・オールソップとの会見において、共産側が核兵器の管理案に同調しないばあいには、全世界の共産主義による征服の危険をおかしても、西側が一方的に軍縮を実行すべきだと言ったことである。ラッセルのこの発言を強いことばで攻撃したのは前記シドニー・フックである。フックはラッセルの発言が戦略的に見ても西側に重大な不利をもたらしたばかりでなく、倫理的にも自由を生命よりも軽く見る立場として肯定できないと主張し、これがきっかけとなって、両者の間に公開状という形で激論がくりかえされた。（この公開状はフックの近著〈政治権力と人格の自由〉〔*Political Power and Personal Freedom*, 1959〕に全文再録されている）。西側の一方的軍縮を支持したラッセルのこの見解は、一方においてフックのような反共主義者を憤激させると同時に、他方では一部の共産主義者にラッセルを「見直」させる結果をも生じたらしい。フックのことばを借りていえばかつての「帝国主義の走狗」ラッセルは「平和の真の友」にまつり上げられることになったという。しかし、かれのソヴィエト体制に対する革命直後からの強い反感がスターリン時代の終結によって多少は緩和されたとはいえ、根本的に修正されたと思われるふしは全然ない。むしろ、人もあろうに、今日でも一貫してソヴィエト体制に対してはげしい不信をもちつづけているラッセルが、このような一見敗北主義的な提案を放言したところにこの問題の核心があるように思われる。この論争におけるラッセルの発言にはときどきかれ一流の反語的な言いかたが見られ、その真意は容易につかみがたいが、現状の重大さを全世界に向ってつよく印象づけるためのこの老哲学者のレトリックとこれを解することはあまりにも皮相な見かたであろうか。

今日の水爆・ＩＣＢＭ時代の平和問題についてのかれの最近の見解がもっとも整然とのべられている著作は〈常識と核戦争〉（*Common Sense and Nuclear Warfare*, 1959）である。この書物でのべられている平和への提案は（西側の一方的軍縮という前記のやや奇抜な案をのぞけば）文字どおりきわめて常識的なものであり、まず東西両陣営の為政者の啓蒙にはじまり、たがいに憎悪をあおりたてる双方のプロパガンダの停戦、核実験の停止、査察を伴なう軍縮の諸段階を経て、世界機構の確立にいたる一連の政策をのべたものである。この政策の実現に関連して、中共の承認と国連加盟が力説されていること、世界機構に所属すべき「国際軍」の構成についてやや具体的な案が示されていること、などが注目される。ラッセルがくりかえし力説しているところによれば、大規模な核戦争の防止のための措置は、単に有効であるだけでなく、同時に双方の陣営にとってひとしく受け容れられるものでなければならないが、そのためには、このような措置はいずれのがわにも、損得を相殺した上で、実質上の利得（net advantage）を与えないようなものであることを要求される。

たとえ右のような線で相当高度に合理的な案が提示されたとしても、現在の世界の空気から見て、それに対して双方の側からはげしい感情的反対がおこることはさけられないように思える。そこで、人類の種としての生存を望むわれわれは、まず、合理的思考に対するこのような感情的障碍の根源をなすさまざまの偏見を除去しなければならない。ラッセルはこの種の偏見のおもなものとして、狂信、ナショナリズムおよび（誤った）教育の三つをあげる。まず狂信についていうならば、ラッセルは第一次大戦直後以来、ソヴィエト・ロシアの公定世界観としてのマルクス・レーニン主義のもつ狂信的性格については一貫した批判をつづけてきたし、その点についてのかれの評価はいまでもかわってはいない〔前出一五六―一六〇頁〕。しかし、ごく最近のかれの発言においては、東側の狂信よりは、それに対抗する西側の狂信に対するはげしい批判がもっぱら前面にあらわれている。狂信に対するに狂信をもってすることは事態を際限なく悪化することになる。今日、共産主義の信奉者たちと資本主義の使徒たちとは、たがいに不倶戴天の敵としてにらみあい、相手に屈服するよりはむしろ死をえらぶ（しかも、自分たちだけの死でなく、人類の大多数もしくは全部の死を）という気概をもってたがいにすきをうかがっているが、このような真向からのイデオロギー的対立は、あとになってふりかえってみれば、案外重大でない対立だったということになるかもしれない。「ギボンは、有名な章句で、もし回教徒軍がトゥールの戦い（The Battle of Tours）で勝っていたならば一体どんな結果になっていただろうか、ということを考究している。当時のキリスト教徒にとっては、この問題は、ちょうどわれわれの時代の問題がマッカーシー上院議員やスターリンにとってもっていたのと同じ程度の重要性をもっていた。しかし、この有名な戦いで回教徒たちがかりに負けずに勝っていたとしても、今日の世界がそのために大きな影響を受けたかどうかは疑わしい」〔*Common Sense and Nuclear Warfare*, pp. 75―76〕。「クレムリンの暴政であれ、ウォール街の暴政であれ、相手方がひとたび世界制覇をなしとげればその暴政が永久につづくだろうという考えかたはまったく非歴史的であり、このように考える人は冷静さを失って枯尾花におびえているとのそしりをまぬかれない」〔*Ibid.*, p. 75〕。イデオロギーというものは一部の狂信家たちが考えているほど民衆の生活の大きな部分を占めてはいない。だから、一方のイデオロギーの温存のために核戦争をもあえて辞さないという態度は、それがいずれの側においてとられるばあいにも、まったく正気の沙汰とはいえない。

つぎに、ラッセルは合理的な平和提案への他のふたつの障碍としてのナショナリズムと伝統的な教育とを検討する。ナショナリズムについてのかれの見解は別に目新らしいものではないが、今日なお諸大国の民衆を呪縛している偏狭なショーヴィニズムに対するかれの批判を読んでいて愉快なことは、わが日本では敗戦のおかげでラッセルのいわゆる「集団的自己崇拝」(collective self-glorification) の不幸な伝統がほとんど根絶されたことである。戦争の原因をもっぱら経済的要因にのみ求める立場を排して、心理的諸要因にも重点をおくラッセルが、教育改革を平和への鍵と見ていることは当然である。かれの批判は特に伝統的な歴史教育にむけられる。「ずっとむかし、私はどんな国においてもその国の歴史を教えるのに外国人の書いた書物を使うべきだと提案したことがある——もっとも、この提案が容れられるとは思わなかったが」〔*Ibid.*, p. 81〕。

一九五二年に出た〈科学の社会への影響〉中で、ラッセルは「科学的社会の安定性」という問題を論じている〔同書第七章〕。「科学的社会」(scientific society) とは、このばあい、科学知識と科学技術とが、高い程度において、日常生活、経済および政治組織を支配しているような社会のことであるが、このような社会（すなわち今日の、また将来の、社会）における不安定の物理的・生物学的・心理学的諸原因を検討したのち、かれはつぎのように結論する。「私の結論は科学的社会は一定の条件がみたされれば安定でありうるということである。第一の条件は全世界が単一政府をもち、しかもその単一政府が軍隊を独占することによって平和を強行しうること。第二の条件は繁栄がひろくゆきわたり、世界の一部が他の部分をうらやむようなことがなくなること。第三の条件は（第二条件がみたされたとして）世界の全地域で出生率が低下し、その結果世界の人口が変動しなくなる（またはほとんど変動しなくなる）こと。第四の条件は、しごとの上でも遊びの上でも、個人の創意に顧慮がはらわれることと、必要な政治的・経済的秩序の維持と両立するかぎりにおいて、権力が最大限に分散していることである」〔*The Impact of Science on Society*, p. 139〕。

では、おわりに、ラッセルの戦争観をまとめて概観してみよう。便宜上問題を三つに分けて考えてみる。第一は戦争の原因についての見解、第二は戦争の不可避性についての見とおし、第三は戦争に対する倫理的な態度である。

戦争の原因についてのラッセルのもっとも詳細な議論は〈自由への道〉の第六章に見出さ

れる。J・A・ホブソンの古典的名著〈近代資本主義の進化〉(J. A. Hobson, *The Evolution of Modern Capitalism*, 1906) を引用しつつ、かれは資本主義に戦争への諸傾向が内在することをまずみとめる。しかし、ラッセルは資本主義の廃止が戦争の危険をおわらせるという見解に対しては異議をとなえ、戦争の原因がきわめて多様であり、経済的諸要因のほかに人間の性質に根ざす心理的諸要因をもあわせて考慮すべきことを力説する。

戦争の不可避性の問題についてのかれの見解は第一次大戦当時から今日まで一貫して楽観的だったといえよう。戦争の本質的不可避性の理論と反戦運動とはいうまでもなく両立しえない。ラッセルにとって、戦争の原因は一面において人間の性質にもとめられるが、かれのいう人間の性質は不変のものではなく、教育によって相当根本的に変えることができる。戦争に対するかれの根本的なオプティミズムは、このように、人間の性質の可塑性への信仰に立脚している。正統マルクシズムの理論もやはり一種の楽観論と解され、資本主義的制度と資本主義的メンタリティの放棄によって戦争を追放することを可能と考える。ラッセルは、前記のように、この見解の部分的な正しさをみとめはするが、それが誇張された形であらわれ、資本主義を究極的に地上から払拭するためには武力行為も正当化されるという考えに発展することを極度に警戒する。

戦争の倫理性についてのラッセルの判定はきわめて簡明である。戦争はそれ自体つねに重大な悪であり、ただ、それが一層重大な悪を制するばあいにのみごく例外的に正当化される。第二次大戦におけるラッセルの戦争肯定は、ナチスドイツの暴虐とのバランスにおいてはじめて根拠づけられる態度であった。しかし、水爆やＩＣＢＭの出現は客観情勢をまったく一変させてしまった。今やあらゆる戦争はラッセルにとって無条件に悪であり、それをつぐなって余りあるような人間的利益（たとえば、シドニー・フックのいわゆる「自由」など）はもはや存在しない。大規模な核戦争はいうに及ばず、小規模な非核戦争も現状においてはつねに核戦争に発展する危険を包蔵する〔Cf. *Common Sense and Nuclear Warfare*, p. 29〕から許されない。

戦争についてのラッセルの根本思想を右のように解することが正しいならば、かれの戦争観の根本的一貫性は特に説明を要せずしてあきらかであろう。一方において戦争に対する強い憎悪、他方では教育その他の啓蒙手段による人間行動の合理化によって戦争を終局的に回避する可能性への信仰、これが要するに半世紀におよぶラッセルの平和運動の核心をなしてきた態度である。第一次大戦後に形成された若干の独裁政権はかれの初期の諸前提の根本的な修正を余儀なくしたし、個々の時期におけるかれの具体的情勢判断はかならずしも的中せず、あとになって訂正された。しかし、このことをもって、第一次大戦の平和主義者が第二次大戦において突如戦争讃美に改宗したと考えたり、また、かつての「帝国主義の走狗」が一夜にして「平和の真の友」となったと見ることが、いかに事態を歪曲する解釈であるかは論をまたない。

ラッセルの平和思想、かれの警世の予言がはたして正しかったかどうかは歴史のみが判定するであろう――もし人類の歴史というものがつづくものならば。

6 社会理想——懐疑家のユートピア

The world that we must seek is a world in which the creative spirit is alive, in which life is an adventure full of joy and hope, based rather upon the impulse to construct than upon the desire to retain what we possess or to seize what is possessed by others. It must be a world in which affection has free play, in which love is purged of the instinct for domination, in which cruelty and envy have been dispelled by happiness and the unfettered development of all the instincts that build up life and fill it with mental delights. Such a world is possible; it waits only for men to wish to create it.

From *Roads to Freedom*, p. 210

第二部において、われわれはまず人間社会の領域でのラッセルのアプローチのしかたを一般的にとりあげ、ついで、倫理、政治、平和問題などの各分野におけるかれの所説の内容や実践活動の経過を簡単に紹介してきた。今までの叙述によっても、この領域の諸問題、特に現代世界が直面する切実な諸問題、に対するかれの理論的分析や実践的示唆の背後にあるのがどのような理想であり、価値観であるかを俊敏な読者はおそらく大体推察されるであろう。しかし、最後に、かれの見とおしがたいほど広汎な社会思想全体をいわば経《タテイト》のように貫ぬき、その多様な帰結に眼に見えぬ統一を与えているいくつかの根本理想にあらためて光をあててみることは、ラッセルの理解のために、大きな意義をもつことと信ずる。

痩軀鶴の如き風丰、皮肉な口もと、寸鉄人を刺す機智、眼光紙背に徹する洞察力、ドライで単綴《モノシラビック》的な文体、これらの明らかな特徴は冷たく、仮借ない偶像破壊者《アイコノクラスト》、すべてを否定するメフィスト的人物としてのラッセルの像を不可避的に作り上げる。私は、決して、大多数の読者がおそらくもっているこの像が誤っている、と言うつもりはない。ラッセルはしばしばヴォルテールやスウィフトに比せられてきたが、事実、かれの筆鋒の恐るべき破壊力はこの両先達の塁を摩するものといってよい。そして、かれの何ものをも恐れない批判の筆は、思想においては狂信（特に集団的狂信）、独断、まやかし（特にヘーゲルに見られるような charlatanism）に対して、また、実践においてはあらゆる形の圧政、独裁、不寛容、個人の軽視に対してその鋭鋒をむけるとき最も冴えた切れ味を見せる。このような時ほど、ラッセルの姿が、賞讃者の眼にはたのもしく、論敵の眼には手強く映ずることはないであろう。しかし、ここで私が特に読者の関心を喚起したい点は、かれのこのようにあまりにも明白な批判的・破壊的・消極的側面に眩惑され、それがラッセルのすべてであると思い込む人はかれの思想の核心にあるものを逸するであろう、ということである。あらゆる利害・打算を超え、全身全霊をこめた第一次大戦中の反戦運動〔前出第一部7〕、世人の指弾と財政的困難に抗してつづけられたビーコンヒル・スクールの事業〔六一頁〕などの記録は、「否定する精神」としてのラッセル観がいかに一面的な、皮相なものであるかを雄弁にものがたっている。

ラッセルのメフィスト的外観は――かれを最もよく知る人のひとり、アラン・ウッドも指摘するように――人一倍はげしい情熱と、異常なまでに鋭敏で繊細な感受性とを兼ね具えた人間が、自己防衛の必要上、自分の身のまわりにつくり上げた殻のようなものであるかも知れない。貴顕の家に生を享けながら早く両親を失い、宇宙や人生の神秘に対して余りにもゆたかな空想力にめぐまれていたために孤独な少年時代を強いられたひとりの内攻的な青年が、やがて、「千万人と雖も我行かん」という気概をもって反戦運動に挺身する不屈の人格にまで成長して行った過程を跡づけるならば、誰しもウッドの心理分析に少なからぬ真理がふくまれていることをみとめるであろう。

私がここで読者に呈示したいのは、まさに、ラッセルの論敵は言うに及ばず、しばしばその渇仰者によっても看過される、かれの社会思想の積極面、すなわち、かれの批判の背後にあって、それを支え、鼓舞している社会理想なのである。このように、かれの思想をいわば裏から観察するならば、その内面にあるものが実はきわめて優しい《テンダー》人間愛であり、むしろ宗教的ともいうべき惻隠《コンパッション》の情であることをわれわれは発見する。本書の中で今までも何度か触れた初期のエッセイ《自由人の信仰》について、ウッドはつぎのように言う。「この論文について私は読者につぎのことだけ言っておこう。この論文が再録されている〈神秘主義と論理〉を買ってきて読みなさい、と。そうすれば、読者はきっと――ほかの点もいろいろあろうが――ラッセルの教訓の中にまるで新約聖書を換骨奪胎した句ではないかと思われるものを見出すであろうから」〔Wood, *Bertrand Russell*, pp. 75–76〕。

勿論、単なる惻隠の情はまだ素朴な情緒にすぎず、それだけでは社会理想とは言えない。そこで、私は、まずラッセルのヒューマニズムがかれの表見的シニシズムの裏につねにひそんでいることを示す若干の事例を挙げたのちに、それが社会思想の面にどのように投影され、かれの思索を導く理想を形成しているかを吟味してみたい。

ウッドによれば、ラッセルは一九五〇年夏のオーストラリヤ講演旅行の際につぎのような発言を行なって聴衆をおどろかせた。「問題の根本は実に単純で旧式なことがらなのです――実のところ、余りにも単純なことなので、賢明なシニシストの方々に一笑に付されはしないかと思って、一寸口にするのが恥かしいくらいなのです。実は、こんなことを口にするのは申しわけないのですが、私の言いたいのは愛――すなわち、キリスト教的な愛ないし惻隠の情、のことなのです」〔Wood, *Ibid.*, p. 232；なお、これと全く同じ発言が *The Impact of Science on Society*, p. 114 にも見られる〕。

ラッセルの社会思想が、かれの忌憚ない既成宗教批判にもかかわらず、キリスト教の価値観と根本において一致するもうひとつの点は個人人格の価値の強調である。「個人の価値（individual excellence）をなすものが何であるかについてのわれわれの観念が政治や社会義務によって余り全面的に支配されてしまうことは危険である。私が言おうとしていることは、神学的な信仰とは全然かかわりのないことではあるが、キリスト教倫理とよく調和する考えかたである。ソクラテスも、キリストの使徒たちも、われわれは人よりも神に従うべきであると教えたし、福音書は隣人愛とならんで神への愛をも強く要請している。古来、偉大な宗教指導者はもとより、偉大な芸術家や学問上の発見者も、すべて自分の創造的衝動を充足しなければならぬという道徳的強制を感じてきたし、また、この衝動を充足したときには道徳的なよろこびを感じてきた。この感情は福音書にいわゆる神への義務の基礎を成すものであり、（くりかえして言うが）神学的信仰から分離されうるものである。………もし私が何か政治権力が禁止しているようなしかたで行動せねばならぬという深い良心の確信を感ずるならば、私は自分の確信に従わなければならない。そして、逆に、社会のほうも、特にそれを抑制すべき非常に強い理由が存するばあいは別として、私に己が確信に従う自由を与えねばならない」〔*Authority and the Individual*, pp. 70–71〕。

個人の創造活動の自由な展開を重視するラッセルの立場は、人間のもつ闘争的な衝動を、無理に抑圧することなく、自由に解放すべきである——勿論、戦争のような破壊面においてでなく、人類の幸福の増進のために——という積極的な主張につらなる。「ふたたび声を大にして力説するが、私は、われわれが闘争的衝動をもっているということから、人間は本性上戦争その他の破壊的闘争を要求するものだと推論する説には、全然賛成できない。私はむしろこれと正反対の確信をもっている。闘争的衝動は欠くべからざる役割りを果しているが、その有害な諸形態における発現を抑えることはきわめて大巾に可能である、というのが私の主張である。〔原文改行〕………外界としての自然への従属からの人類の解放によって、史上にその比を見ないほど高い程度の人間の福祉が今日では可能となってきている。けれども、この可能性を現実化するためには、イニシャティヴの自由をあらゆる方面で——積極的に有害な面だけはのぞいて——保障し、また、人生をゆたかにするようなイニシャティヴの諸形態を助長することが必要である。人間を従順で臆病なものにしようとつとめることによっては、決してよい世界はできない。よい世界をつくろうと思うならば、人間が——同胞たる他の人間に危害を加えることは別として——大胆で、冒険心に富み、恐れを知らぬようになることを奨励しなければならない。世界の現状においては、善の可能性はほとんど無限であり、また悪の可能性もそれにおとらない。人類が今日当面している危機は、何よりも、われわれが外界の自然力を理解し、制御する方法をおそろしいほどよく学んだにもかかわらず、われわれ自身の内にある諸力についてはまだこれをなしえていないという事実に帰因する。道学者たちは古来自制を力説してきたが、今までのところ、かれらのいう自制は理解をともなわない制御であった。この講演〔すなわち、六講から成るリーイス記念講演〕において、私は大抵の政治家や経済学者たちが考えているよりも広い視野において人間の諸要求を理解しようとつとめてきた。というのは、このような理解によってのみ、われわれの技術によって可能となったにもかかわらず、現状においてはわれわれ自身の愚かさのゆえに大部分挫折しているいろいろな希望の実現のための方途を見出すことができるからである」〔*Ibid.*, p. 79〕。

ラッセルの初期の宇宙観・人間観の最も美しい証言は、しばしばのべたように、《自由人の信仰》に見られるが、この格調高いエッセイにみなぎる宗教的——勿論、伝統的でない意味で——ともいうべきトーンは後年の作品の中にも間歇的にあらわれてくる。特に、第一次大戦中の反戦運動のさなかに書かれた〈社会再建の原理〉（一九一六年）、および、晩年の社会思想の最も重要な表現と目される〈倫理と政治における人間社会〉（一九五四年）において、預言者《プローフェット》・ラッセルの声がふたたびわれわれの耳を打つ——ただし、預言者ラッセルの傍らにはつねに冷静な観察者・分析家・批判家・ラッセルが控えていることはいうまでもないが。

「生《ライフ》のみに捧げられた生は動物的であり、本当の人間的価値を欠くものであり、人を倦怠と虚無感から恒久的に救う力のないものである。本当に人間的なものになるためには、生は、神、真理、美、などのように、一見人生をある意味で超えるような何らかの目的、非個人的でかつ人類を超越した目的に奉仕せねばならない。………〔古来、人生をゆたかにすることに貢献した人々は人生を超えた、永遠なものをめざしてきた。〕この永遠の世界——たとえそれが想像上の世界にすぎぬとしても——との接触は人に力と根本の平和をもたらす。そして、現世の苦闘もあきらかな失敗もこの力や平和を滅し去ることはできない。永遠なものの この幸福な観想こそまさにスピノーザが『神への知的な愛』と呼んだものにほかならない。一旦この境地に至った者は英知への鍵を手にする。………〔原文改行〕永遠なものとの接触によって、神的なものをこの苦悩にみちた世界にもたらすことに人生を捧げることによって、われわれは、今日のように残酷さや闘争や憎悪が四方八方からわれわれを攻め囲んでいるこの世の中においてすら自分の人生を創造的なものにすることができる〔この文章が第一次大戦の最中に書かれたことを想起せよ〕」〔*Principles of Social Reconstruction*, pp. 245―246〕。「けれども、われわれの目前にある苦難を忘れ、天文学者の立場からこの世界を観るならば、未来はわれわれの眼に地質学が考えるよりもはるかに悠遠な時代にまでひろがって映ずる。………今後数百万年間の人類の運命は、われわれの現在の知識が示すかぎり、人類自身の掌中にある。みずから破滅に身を投ずるか、それとも何人も夢みたことのないような高みに上るかは、一にかかって人類自身の決定にある。シェークスピアは『未来のことがらを夢見る不世出の預言者』（The prophetic soul/Of the wide world dreaming on things to come）のことを歌った。この夢は預言者の夢ではないと考うべきであろうか。この夢は結局死に終る一場の幻想にすぎぬものであろうか。それとも、劇はまだはじまったばかりであって、今のところわれわれはまだ前口上《プロローグ》の数語をきいたにすぎないのだ、と考えてよいのだろうか」〔*Human Society in Ethics and Politics*, p. 236〕。「人間は——オルフェウス教徒たちが言ったように——〔大地の子であると同時に〕星をちりばめた天の子でもある。天文学の世界を作っている巨大な天体とくらべ、その身体はとるに足らぬほど小さく無力であるとはいえ、人間はこの巨大な世界を己れの中に映し出す力をもち、想像力と科学知識の中で時間・空間の巨大な深淵を翔ける力をもっている。………しかし、人間のもつ賞讃すべき美点は決して知識のみではない——否、知識はその美点の主なものだとさえも言えないのである。人々は美を創造し、驚異の世界の最初の一瞥と思われる奇しきヴィジョンをわがものにし、愛の能力、全人類への同情の能力、全人類へのさまざまの雄大な希望の能力をかちえた。これらの偉業が、今までのところ、〔少数の〕特別な人々にのみ可能であったということ、また、それが非常に多くのばあい大衆の敵意を買ったということは否定できない。しかし、来るべき時代において、現在では例外的と見られるような型の人が通常人となることがありえない理由は存しないのであり、そうなれば、新らしい世界での例外人は、ちょうど今日シェークスピアが普通人のはるか上にぬきんでているように、シェークスピアのそのまた上にぬきんでた存在となるであろう。……〔未来の世界において、英知と勇気とを兼備した人々が人々を導くことを想うとき〕私は眼前に光明にみちたヴィジョンを見る——一人の餓者もなく、病人もごく少ない世界を、そしてそこでは仕事は愉快で適度であり、万人が他人をいたわる心をもち、恐怖から解放された人々の心が眼や耳や心のためのよろこびを創り出すような世界を。これを不可能と言うなかれ。決して不可能ではない。それが明日にもできるとは言わない。しかし、今後千年のうちには可能だと私は断言する——人間を真に人間らしくするような幸福の達成に人々が意を用いるならば。……人間の真の幸福は自分のもつ神の如き可能性を最大限に発現する人にのみ許される。世界の現状においては、これらの人々にとって幸福は大きな苦悩を伴わざるをえない、何となれば、かれらは同胞の苦しむ姿を見れば共に苦しまざるをえないからである。しかし、このような苦痛の源がもはや存在しないような社会が現出する暁には、現代という暗い時代に生きる運命を背負った人々には考え及ばぬほどずっと完全な幸福が、そしてもっと想像や知識や共感のみなぎる人生の幸福が、可能となるはずである」〔*Ibid.*, pp. 238—239〕。

これはまがうかたなきユートピアである。人もあろうに、稀代の懐疑家ラッセルの筆からこのようなほとんど手放しといってもよいほど楽観的な社会像を期待することは、おそらく多くの読者にとって困難であろう。しかし、まさしく、このようなユートピア的社会像こそ前世紀末以来ラッセルの社会思想をインスパイアしてきた理想にほかならず、決して、晩年の「円熟」の結果、木に竹をついだように忽然とあらわれた思想ではないのである。勿論、マルクシストとちがって、ラッセルは自分の理想社会像を科学的に基礎づけ得たとは主張しない。かれにとって、科学は理想の実現のための手段を教示するものであって、理想自体を正当化する力はもたない。そして、〈ドイツ社会民主主義論〉から〈変りつつある世界への希望〉や〈人間の社会〉にいたる十指に余る社会的著作の大部分は、心理学、経済学、教育学、社会学、科学技術、などの分野にわたって、このユートピア実現のための諸条件の探究にむけられてきたわけである。原子力の平和的・非平和的利用の発見は、一面において、この理想図の早期実現の可能性を、極度に高めると同時に、他面では、それに伴なう危険をも極大化せしめた。齢九十に達しようとして、このような時代に直面した老哲学者の最近数年間の言動に、両大戦中の運動をもしのぐ異常な熱と、ときには焦燥に似たものまで感ぜられるのもまた故なしとしない。

7 エピローグ——ラッセルの宇宙観と人間観

How, in such an alien and inhuman world, can so powerless a creature as Man preserve his aspirations untarnished? A strange mystery it is that Nature, omnipotent but blind, in the revolutions of her secular hurryings through the abysses of space, has brought forth at last a child, subject still to her power, but gifted with sight, with knowledge of good and evil, with the capacity of judging all the works of his unthinking mother. In spite of death, the mark and seal of the parental control, Man is yet free, during his brief years, to examine, to criticize, to know, and in imagination to create. To him alone, in the world with which he is acquainted, this freedom belongs; and in this lies his superiority to the resistless forces that control his outward life.

From A Free Man's Worship

本書においては、序文でのべたように、ラッセルの全哲学の体系的な叙述は断念し、かれの哲学の形成過程を跡づけたのちに、その社会思想を簡単に紹介してきた。しかし、くりかえしのべたように、ラッセルにおいて、社会思想はその広汎な業績のひとつの面にすぎず、かれをこの面からのみとり扱うことはあまりにも不当であるので、ここでは、最後に、ラッセルの宇宙観を論じ、そこにおいて人間や社会の問題がどんな位置を占めているかを吟味してみよう。

ラッセルの哲学界に対する最も独創的な貢献が論理学や認識論の領域での業績であり、哲学者としてのかれの最大の強みがおそらく生得と思われる犀利な分析力にあることは争う余地がない。言語分析を哲学の根本課題と見る最近の傾向に対しては多分に批判的であるにせよ、※かれが現代哲学のどの流れにもまして、いわゆる論理経験主義者たちを中心とする分析哲学の基本的プログラムに近い立場をとっていることは晩年の著作に散見するさまざまの発言からもうかがうことができる〔前出七三頁参照〕。

※ ラッセルの批判はオックスフォードをひとつの中心とするイギリスの「日常言語学派」に対して、またその源流をなす後期のヴィットゲンシュタインの思想に対して、特にきびしい。「ヴィットゲンシュタインの〈哲学研究〉(*Philosophical Investigations*)の中には私に興味のあることは何ひとつ見出せなかったし、また、私にはなぜひとつの学派をなすほどの人々がこの書物の中に重要な知慧をみとめるのかわからない」〔*My Philosophical Development*, p. 219〕。自分が哲学の中心課題を「世界を理解すること」に求めるターレス以来の永い伝統に従うことを強調しつつ、ラッセルはイギリス哲学界のこの新しい傾向を痛烈に論難する。「この新しい哲学は、世界およびわれわれと世界との関係を主題とせずに、ばかな人々がばかなことを言ういろいろな言いかたを主題としているように思える。哲学がこれだけのことしかなしえないとするならば、哲学などというものは研究するに値いしない科目だとしか私には思えない」〔*Ibid*., p. 230〕。

「私が説明してきた近代分析経験主義は、数学をとり入れている点と強力な論理技術をつくり上げている点で、ロック・バークレー・ヒュームの経験主義と異なる。この経験主義は、或る種の問題に関して、哲学というよりもむしろ科学の性質をもつところの明確な解答を与えることができる。この立場は、体系構築家たちの哲学とちがって、全宇宙をまとめて説明する理論(a block theory of the universe)を一ぺんに考え出すことをせずに、問題をひとつひとつ別個にとりあつかいうるという特長をもっている。この点で、その方法は科学の方法に似ている。哲学的認識は、それが可能であるかぎり、このような方法で探求されねばならないと私は確信する。また、この種の方法によって、古くからの問題の多くが完全に解決できるということも私の確信するところである」〔*History of Western Philosophy*, p. 862〕。「若干の問題を例にとってみよう。『数とは何か』、『空間及び時間とは何か』、『精神とは何か、物質とは何か』。これらの古い問題すべてに対して、今すぐにでも明確な解答を与えることができるなどとは言わない。しかし、〔哲学においても〕科学におけると同じように、近似操作をくりかえすことによって次第に真理に近づいて行き、そして、この過程において新しい段階が前の段階の否定ではなくその一層の発展であるようにする方法が〔論理分析を重んずる哲学者たちによって」発見された、ということを私は敢えて言おう」〔*Ibid.*, p. 864〕。ラッセルがヴィーン学団の論理実証主義※およびその今日の形態である論理経験主義に自分の思想と共通なものを見出すことは、論理実証主義そのものが、元来、ラッセルの初期の業績をひとつの出発点として誕生したという事情からも、むしろ当然であろうが、かれが特に晩年の著作において哲学の方法としての分析の重要性をくりかえし強調していることは、青年時代にヘーゲルの影響を脱却して以来、かれの探求方法が根本において変っていないことを示すものとして注目に値いする。〔Cf. *My Philosophical Development*, pp. 14—15, 133, 229—230, 265 et seq.〕

※　論理実証主義については、一九五六年に出た論文集〈論理と認識〉中に《論理実証主義》と題する小論文が収録されている。

ここで私が問題としたいのは、ラッセルのばあい、分析の強調はあくまでも方法の問題であり、より大きな目的のための手段の問題にすぎず、現代分析哲学者にしばしば見られるような手段の目的化に対する不断の警戒がともなっているという点である。では、ラッセルの哲学の目的は何であろうか。この問いに対してはかれ自身が明快に答えてくれる。「WⅡ〔後期のヴィットゲンシュタインの思想〕以前のすべての哲学者と同じように、私の根本目的は世界をできるだけよく理解し、認識と見なしてよいものと根拠のない意見として否定すべきものとを区別することにあった。もしWⅡさえなければ、わかりきったこととしか見えないこの目的をあらためて表明する必要を私は感じないであろう」〔*My Philosophical Development*, p. 217〕。「タ－レス以来、歴代の哲学者は世界を理解しようとつとめてきた。かれらの大部分は自分の成功について不当に楽観的ではあった。しかし、その試みが失敗に帰したばあいにも、かれらは自分の後継者たちに資料とあらたな努力への刺戟とを与えてきた。……哲学が多少とも価値をもつためには特に哲学的とはいえない知識のひろくかつ強固な基盤が必要である。この種の知識こそ哲学の樹にその生命力を与える土壌なのである」〔*Ibid.*, p. 230〕。

まだヘーゲルの影響下にあった青年ラッセルが、六十数年前、ベルリンのティアガルテンを徘徊しながら夢想した壮大雄渾な哲学体系はたしかに実現しなかった。しかし、ヘーゲル流のボンバスティックな綜合性こそ欠けているものの、その後のかれのしごとは、その一面におけるテクニカルな性格にもかかわらず、かれが根本において伝統的な哲学者像――それも特に西洋哲学の黎明期に位するギリシャの哲学者像――の現代での最も忠実な再現であることを示してはいないであろうか。そして、そこには、ソクラテス以前のギリシャ哲学者たちの大きな特色であるところの、世界の神秘に対するあの、むしろ素朴ともいうべき驚異と畏敬の念が脈々と波打っている。このように、時には職人的とも見られるほどのテクニカルな分析が、根本のところで、哲学の最も大きなそして最も古い諸問題とむすびついているという一見逆説的な事態こそ、実は、ラッセルの全思想を理解する第一の鍵なのであり、かれの社会思想もこうしたパースペクティヴにおいてとらえられねばならない。生きた人間、現実の社会をめぐる切実な諸問題とつねに正面からとりくみつつも、ラッセルは他方ではこの広大無辺の宇宙の悠久の発展において人間のなしとげてきたことがいかに眇たるものにすぎないかをたえず力説する。「宇宙的見地から見れば、〔われわれの〕生命や経験は因果的にはほとんど重要でないということを私は深く信じてきた。私の想像力は天文学の世界に支配されており、私は諸銀河系にくらべればこの地球という惑星などはとるに足らぬものだということを強く意識している」〔*My Philosophical Development*, p. 130〕。「カントのように、道徳律と星をちりばめた大空とを同一の平面におくことは私にはできない。『理想主義《アイディアリズム》』と自称する哲学の根底には宇宙を人間化《ヒューマナイズ》しようとする試みがひそんでいるが、このような考えかたは、それの真偽は全然別問題としても、私にとって不愉快である」〔*Ibid.*, p. 131〕。この気持は今までにたびたび言及した一九〇二年の《自由人の信仰》でもすでに詩的な表現を得ているし、また、一九二五年に書かれた小冊子〈わが信念〉〔*What I Believe*〕では一層明確な形をとっている。「自然の哲学は不当なほど地上的であってはならない。自然哲学にとって、地球は銀河系の中の比較的小さな恒星の比較的小さな惑星のひとつにすぎない。このとるに足りぬ惑星に寄生する眇たる生きものがよろこぶような帰結をひき出すために自然哲学を無理に枉げるなどということは滑稽である。哲学としての活力説や進化主義は、この点で、均衡のセンスと論理上の関連性のセンスとを欠いている。……楽観主義も悲観主義も、宇宙哲学としては、同じ素朴な人間中心主義《ヒューマニズム》のあらわれである。偉大な世界は、自然の哲学が教えるかぎり、善でも悪でもなく、また、われわれに禍福をもたらすことに関心を示すこともない。上にのべたような哲学はすべて自己を誇大視することから生ずるものであり、これを矯正する最上の方法は少し天文学を勉強することである」〔*What I Believe*, as reprinted in *Why I am not a Christian*, p. 55〕。マルクスやプラグマティストたちに対するラッセルの不満も、最も深いところでは、かれらの哲学が、実践の偏重によって、あまりにも人間中心に傾いているということから生ずる。そして、かれは、自分の気持を最もよく表わしてくれる作品として、レオパルディのソネットを旧友R・C・トレヴェリアンの英訳で掲げている。ここでその数行を引用してみよう。

……And as I hear the wind
Blustering through these branches, I find myself
Comparing with this sound that infinite silence;
And then I call to mind eternity,
And the ages that are dead, and this that now
Is living, and the noise of it. And so
In this immensity my thoughts sink drowned:
And sweet it seems to shipwreck in this sea.

(*The Impact of Science on Society*, p. 98)

ラッセルのこのような世界観、宇宙における人間の位置についてのこのような考えかたは、結局、人間を蔑視する一種のニヒリズムに帰着するのではなかろうか。またそれは、一体、かれの社会思想とどのように関連するのであろうか。ラッセルの作品をひろく読めばおそらく誰しも逢着するこの疑問を解決することは容易でないし、また、この点についてはかれ自身必ずしも明確に意識しているとはいえない矛盾が存することも否定し難いと思われるが、ここでは二つの点だけを指摘しておこう。第一の点は、宇宙全体から見れば実に微々たる人間が、その物理的な倭小さにもかかわらず、ライプニッツのモナドのように、自分の心の中にこの広大な宇宙を映し出す能力に対してラッセルが感ずる驚嘆である。この点において、ラッセルは人間の無力さと偉大さとを同時に強調したパスカルにきわめて近い立場に立つ。〈人間の知識〉の第一部において宇宙の広大さと人間の卑小さとを対照させたかれは、第三部の序説においては、一転して、人間の認識能力の偉大さを説く。「この第二の種類の概観《サーヴェイ》〔宇宙論的概観につづく認識論的概観〕においては……宇宙がどんなものであるかということではなく、宇宙についてのわれわれの知識がいかにして獲得されるかということが問題となる。この種の概観においては、プトレマイオス天文学におけると同じく、人間がふたたび中心を占める。……天文学者が写真原板上に認める小さな点は、かれにとっては、何十万光年もかなたにある巨大な銀河系をあらわす。空間の無限の広大さも、時間の悠久さも、すべてかれの心の中に映し出されるのであり、その心は、ある意味で、空間・時間と同じく広大無辺である。いかに巨大なものでもいかに微細なものでも人間の知性はこれを捉えることができるのであり、いかに時間・空間において離れたものでも人間は宇宙の構造におけるその意義を認めることができる。力において、人間はその微小さが示すようにかよわい存在である。しかし、考える《コンテンプレーション》ことにおいて、かれは自分の理解しうるあらゆるものと同等である」〔*Human Knowledge*, p. 177〕。第二の点として、私は宇宙の広大さに対する驚嘆・畏敬の情が、ラッセルにおいては、個人の自由な人格の尊重とむすびついていることを特に指摘しておきたい。「星から成る宇宙の大きさとそれが経てきた年月とを想うならば、この地球という実にとるに足らぬ惑星の上のいろいろな争いはその重大さを幾分か失い、われわれの紛争のはげしさはいささか滑稽味をおびてくる。そして、こういう消極的な感情の力で〔いろいろな偏見から〕解脱するとき、われわれは——音楽や詩によって、歴史や科学によって、美または苦悩によって——人生において本当に価値のあることがらは個人であって、決して、戦場や政治上の戦いで起ることや、外からおしつけられた目標にむかって人海が統制された行進を行うことなどにあるのではない、ということを一層よく悟ることができる。社会の組織的な生活は必要ではあるが、それは機構として必要なのであって、決してそれ自体に価値があるわけではない。人生において最大の価値をもつものは古来の偉大な宗教家が説いてきたことにむしろ近いものである」〔*Power*, p. 316〕。ちょうど国家思想の歴史において古代ストア学派の普遍主義や近代コスモポリタニズムがむしろ原子論的ともいうべき徹底した個人主義とむすびついてきたように、ラッセルのばあい、天文学的宇宙観が――少なくとも心情の面では――社会思想における個人主義とつらなっていることは興味ある事実といえよう。

第二部のはじめで、われわれは、ラッセル自身が自分の（狭義での）哲学と社会思想との間に論理上の関係が存在することを否定しているという事実をのべ、ついで、両者の間に存するかも知れぬ――心理上その他の――関係をやや具体的に探ってきた。実に七十年に近い年月にわたってかれが書いた数万頁の著作は、たしかに、多くの首尾一貫しない点や誤った事実認識をふくんでおり、これを完璧な体系にまとめ上げることは到底不可能である。けれども、本書の簡単な紹介によって、人間の知識のほとんどあらゆる領域にわたるこの知的巨人の思想の基調がどのようなものであるかを示し、加えて、それが具体的な問題との関連においてどのようにあらわれているかを不充分ながら例示しえたと信ずる。

認識論においてはロック、ヒュームの経験主義の伝統をうけつぎ、倫理学においては価値判断の客観性を否定するラッセルは自他ともに許す懐疑家である。しかし、かれのスケプシスは憂き世を逃れた隠遁者の懐疑と無縁であるばかりでなく、「微笑める賢者」の懐疑ですらもない。故アラン・ウッドがかれのすぐれたラッセル伝の副題に示したように、ラッセルの九十年の生涯はまさに「情熱の懐疑家」の生涯であり、思想においても行動においても極度に充実した、実りある生涯だったといえよう。具体的な諸論点についてかれを批判し、その虚をつくことは実に容易であり、その意味でラッセルほどすきの多い哲学者は古今に少ないとすら言えよう。しかし、少なくともひとつのことだけは断言できると私は信ずる。われわれはラッセルにおいて古代ギリシャの哲学者の姿の、そして近代の「理性の時代」の哲学者の姿、の再現を見るのである——しかも一層大きなスケールにおいて、また、現代諸科学の最良の装備を身につけて。少年時代から宇宙の神秘に思いを馳せ、数学・論理学などの最も抽象的な問題について前人未踏の境地を拓くかたわら、その稀に見るひろい視野とくもりない眼光とをもって人類の来し方行く末を凝視してきたこの巨人の正しい評価はさらに数世紀を要するであろう。ラッセルの尨大な著作を座右において、その一つ一つをひもとくとき、私はいつもテニソン初期の傑作〈ロックスレー・ホール〉の朗々たる揚抑格の詩句が念頭に去来するのを禁じえない。このあまりにも簡単で断片的な紹介をおわるに当り、その数節を引用してむすびのことばに代えたい。

Many a night from yonder ivied casement, ere I went to rest,
Did I look on great Orion sloping slowly to the West.

Many a night I saw the Pleiads, rising thro' the mellow shade,
Glitter like a swarm of fireflies tangled in a silver braid.

Here about the beach I wander'd, nourishing a youth sublime
With the fairy tales of science, and the long result of Time;

When the centuries behind me like a fruitful land reposed ;
When I clung to all the present for the promise that is closed ;
When I dipt into the future far as human eye could see ;
Saw the Vision of the world and all the wonder that would be.

バートランド・ラッセル年譜

一八七二　五月一八日 Wales の Trelleck にて生まれる。
一八七四　母 Lady Amberley と姉 Rachel 死去。
一八七六　父 Viscount Amberley 死去（三三歳）。Richmond Park の祖父 Lord John Russell の家（Pembroke Lodge）に兄 Frank とともにあずけられる。
一八七八　祖父 Lord John Russell（一七九二―一八七八）死去。
一八九〇　一〇月ケンブリッヂ、トリニティ・コレヂに入学。
一八九四　ケンブリッヂ卒業。
パリ大使館の honorary attaché となる。一二月に辞職。
一八九五　一二月一三日 Alys Pearsal Smith と結婚。
新妻 Alys とともに二度ドイツを訪れる。
一八九六　処女作〈ドイツ社会民主主義論〉出版。
この年三ヶ月合衆国に滞在。
一八九九　マクタガートに代わって、ケンブリッヂでライプニッツの講義をする。
一九〇〇　この年のはじめ、数学は論理学の一特殊部門であるという思想を抱きはじめる。七月、パりでの会議でG・ペアーノに会う。〈ライプニッツの哲学〉出版。（この年から約一〇年間〈プリンキピア〉執筆）。

一九〇一　フレーゲの *Begriffsschrift* をはじめて読む。

一九〇三　〈数学の原理〉出版。

一九〇五　オックスフォードの近くの Bagley Wood に転居する。この年、「叙述の理論」をはじめて提示した論文 "On Denoting" が出る。

一九〇七　下院に立候補、落選。

一九一〇　一〇月トリニティ・コレヂで論理学および数学基礎論の講師となる。

一九一一　G・E・ムーアおなじくケンブリッヂの講師となる。この年アリスとの別居生活がはじまる（正式の離婚は一九二一）。

（一九一二―一九一三　このころから、ヴィットゲンシュタインとの相互影響がはじまる。）

一九一四　ハーヴァード大学に招かれ、Lowell Lectures を行なう。（この講義案が〈外界の知識〉となる。）これと平行して、記号論理学の講義をも行ない、これを機として、T・S・エリオットとの交遊がはじまる。
第一次世界大戦勃発。

一九一六　六月一五日筆禍事件のためロンドン市庁で簡易裁判を受け、罰金一〇〇ポンドを科せられる。

一九一八　七月一一日トリニティ・コレヂから追放される。
一九一八　一月三日 "The German Peace Offer" という一文を発表。これが原因となって Bow Street で裁判を受け、禁錮に処せられる。
五月、Brixton 監獄に収容される。房内で〈数理哲学序説〉その他を執筆。九月、釈放。
一九一九　年末、トリニティ・コレヂに復帰したが、すぐ外遊のためケンブリッヂを離れる。
一九二〇　ロシヤ訪問（五月一九日―六月一七日）。この年 Dora Black とともに中国に行き、北京で講義をする。
一九二一　アリスと離婚（間もなく Dora と結婚）。
一九二二　労働党から下院に立候補、落選。
一九二三　ふたたび立候補、落選。
一九二七　Dora とともに実験学校（Beacon Hill School）をはじめる。
一九三一　兄フランク（第二代ラッセル伯爵）死去。爵位を継承する。
一九三五　Dora と離婚。
一九三六　一月 Patricia Spence と結婚。
一九三七　男児出生。
一九三八　オックスフォードで講義をしたのち、合衆国を訪問。翌年にかけてシカゴ大学で言語の諸問題について演習を行ない、カルナプやチャールズ・モリスとも交わる。

一九四〇　カリフォルニア大学（ロスアンヂェルス）で講義。
一九四一　この年有名な「ラッセル事件」がおこり、その渦中にまきこまれる。
一九四三　ひきつづき、ハーヴァード大学でウィリヤム・ジェームズ記念講義を行なう。
ペンシルヴェーニア州の Barnes Foundation で哲学史の講義をはじめる。
一月、突然 Barnes Foundation から解雇される。このときの講義案が〈西洋哲学史〉（一九四〇）の母胎となる。
一九四四　危険をおかして英国にかえり、ケンブリッヂで講義。
一九四五　第二次大戦終結。原爆の使用に強い衝撃をうける。
一九四八　一〇月、北欧で飛行機事故に遭い、九死に一生を得る。
一九五〇　コロンビヤ大学で講義。
ノーベル文学賞受賞。
六月、Order of Merit をジョージ六世より受ける。
オーストラリヤへ講演旅行をする。
一九五二　Edith Finch と結婚。
一九五四　BBC放送を通じて、核兵器の禁止を世界に訴える。

ラッセル主要著作集

＊は本書で引用した版を示す

1896 German Social Democracy. London, Longmans, Green & Co.

1897 An Essay on the Foundations of Geometry. Cambridge University Press.

1900 A Critical Exposition of the Philosophy of Leibniz. Cambridge University Press.

1903 The Principles of Mathematics. Cambridge University Press.

1910 Principia Mathematica Vol. I. (With A. N. Whitehead) Cambridge University Press.

1910 Philosophical Essays. London, Longmans, Green & Co.

1912 Principia Mathematica Vol. II. (With A. N. Whitehead) Cambridge Univesity Press.

1912 The Problems of Philosophy. London, William & Norgate. (Home University Library.)

1913 Principia Mathematica Vol. III. (With A. N. Whitehead) Cambridge University Press.

1914 Our Knowledge of the External World as a Field for Scientific Method in Philosophy. London, Allen & Unwin.

1914 Scientific Method in Philosophy. Oxford, The Clarendon Press.

1914 The Philosophy of Bergson. (Controversy with H. W. Carr) London, MacMillan & Co.

1916 Principles of Social Reconstruction. (American title—Why Men Fight : A Method of

Abolishing the International Duel.) London, Allen & Unwin.

1916 Justice in War-Time. London, Allen & Unwin.

1917 Political Ideals. New York, The Century Co.

1918 Mysticism and Logic and Other Essays. New York, Longmans, Green & Co.

1918 Roads to Freedom: Socialism, Anarchism, and Syndicalism. London, Allen & Unwin. 3rd ed.1920.*

1919 Indroduction to Mathematical Philosophy. London, Allen & Unwin.

1920 The Practice and Theory of Bolshevism. (Bolshevism in Theory and Practice.) London, Allen & Unwin.

1921 The Analysis of Mind. London, Allen & Unwin.

1922 The Problem of China. London, Allen & Unwin.

1923 The Prospects of Industrial Civilization. (With Dora Russell) London, Allen & Unwin.

1923 The ABC of Atoms. London, Kegan Paul.

1924 Bolshevism and the West. (Debate with Scott Nearing.) London, Allen & Unwin.

1924 Icarus or the Future of Science. London, Kegan Paul.

1925 The ABC of Relativity. London, Kegan Paul.

1925 What I Believe. London, Kegan Paul.

1926 On Education Especially in Early Childhood. (Education and the Good Life.) London, Allen & Unwin.

1927 Why I am not a Christian. London, Watts & Co. New Edition (edited by P. Edwards), Simon & Schuster, 1957.*

1927 The Analysis of Matter. London, Kegan Paul.

1927 An Outline of Philosophy. (American title— Philosophy.) London, Allen & Unwin.

1928 Sceptical Essays. London, Allen & Unwin.

1929 Marriage and Morals. London, Allen & Unwin.

1930 The Conquest of Happiness. London, Allen & Unwin.

1931 The Scientific Outlook. London, Allen & Unwin.

1932 Education and the Social Order (American title— Education and the Modern World.) London, Allen & Unwin.

1934 Freedom and Organization 1814—1914. (American title: Freedom versus Organization 1814—1914.) London, Allen & Unwin.

1935 In Praise of Idleness and Other Essays. New York, W. W. Norton & Co.

1935 Religion and Science. London, T. Butterworth-Nelson.

1936 Which way to Peace? London, Michael Joseph Ltd.
1936 Determinism and Physics. The Librarian, Armstrong College.
1938 Power: A New Social Analysis. London, Allen & Unwin.
1940 An Inquiry into Meaning and Truth. London, Allen & Unwin.
1945 A History of Western Philosophy. London, Allen & Unwin.
1948 Human Knowledge: Its Scope and Limits. London, Allen & Unwin.
1949 Authority and the Individual. London, Allen & Unwin.
1950 Unpopular Essays. London, Allen & Unwin. Boston, Beacon Press, 1960.*
1951 New Hopes for a Changing World. London, Allen & Unwin.
1952 The Impact of Science on Society. London, Allen & Unwin.
1954 Human Society in Ethics and Politics. London, Allen & Unwin.
1956 Portraits from Memory and Other Essays. London, Allen & Unwin.
1959 My Philosophical Development. London, Allen & Unwin.
1959 Common Sense and Nuclear Warfare. London, Allen & Unwin.
1960 The Wisdom of the West.
1961 Bertrand Russell Speaks His Mind.
1961 Has Man a Future?

1961 Fact and Fiction.
1963 Unarmed Victory.
1967 The Autobiography of Bertrand Russell.

ラッセル研究文献

I　海外のもの

Schilpp, P, A. (ed.), The Philosophy of Bertrand Russell, New York, Tudor Publishing Co. 1944, 3rd. ed. 1951.*

Dorward, Alan, Bertrrand Russell: A Short Guide to his Philosophy, Published for the British Council and the National Book League by Longmans, Green & Co., London, 1951.

Fritz, Charles A., Jr., Bertrand Russell's Construction of the External World, London, Routledge & Kegan Paul, 1952.

Wood, Alan, Bertrand Russell: The Passionate Sceptic, London, Allen & Unwin. 1957.

Wood, Alan, Russell's Philosophy: A Study of Its Development (unfinished), in B. Russell, My Philosophical Development, London, 1959.

Aiken, Bertrand Russell's Philosophy of Morals, 1959.

Egner and Denonn, Bertrand Russell on Education, 1962.

Pears, D. F. B. Russell and the British Tradition in Philosophy, 1967.

II　日本のもの

下村寅太郎《ラッセル》、廿世紀思想第五巻所収、一九三八年、河出書房。

下村寅太郎《ラッセル》現代史講座、〈明日への課題〉所収、一九五三年、創文社。

柴谷久雄「ラッセルにおける平和と教育」一九六三年、御茶の水書房。

沢田允茂「バートランド・ラッセルと論理学」一九六六年、日本バートランド・ラッセル協会。

アラン・ウッド　碧海純一訳「バートランド・ラッセル――情熱の懐疑家」一九六三年、みすず書房。

ラッセル著作の邦訳

バートランド・ラッセル著作集（みすず書房発行）
自伝的回想　中村秀吉訳。
自由と組織　大淵和夫、鶴見良行訳。
神秘主義と論理　江森巳之助訳。
権力　東宮隆訳。
幸福論　片桐ユズル訳。
教育論　魚津郁夫訳。
結婚論　後藤宏行訳。
人間の知識　鎮目恭夫訳。
西洋哲学史　市井三郎訳。
私の哲学的発展　野田又夫訳。

（その他多数）

第二版へのあとがき

本書の初版が出てから約七年の歳月が経ち、その間、流動する国際情勢の中で、実践的平和運動家としてのラッセルの姿は全世界の、そして特に日本の、大衆の前にますます大きくクローズアップされてきた。この五月で実に九六歳の高齢に達するラッセルの活力と人類の幸福のための献身には誰しも心からの讃嘆を禁じえないであろう。

この際、この七年間のラッセルの実践的活動に関する叙述をできれば加えたいと思いつつ、時間の関係で今回は割愛せざるをえなかった。この第二版では、初版の誤植その他を訂正するとともに、巻末の参考文献表に新しいものをつけ加えておいた。

一九六八年四月

碧海純一

稲垣良典　トマス・アクィナス　四六判　二九四〇円
岩田靖夫　ソクラテス　四六判　二九四〇円
原　佑　ハイデッガー　四六判　二六二五円
淡野安太郎　ベルグソン　四六判　二六二五円
山本光雄　プラトン　四六判　二六二五円
杖下隆英　ヒューム　四六判　三一五〇円
松浪信三郎　サルトル　四六判　二六二五円
小原敬士　ヴェブレン　四六判　三一五〇円
一ノ瀬正樹　原因と理由の迷宮　「なぜならば」の哲学　四六判　三三六〇円
中山康雄　言葉と心　全体論からの挑戦　四六判　二七三〇円
柏端達也　自己欺瞞と自己犠牲　非合理性の哲学入門　四六判　三一五〇円

＊表示価格は二〇〇七年五月現在。消費税は含まれております。

著者略歴

1924年　名古屋市に生まれる
1948年　東京大学法学部法律学科卒
現　在　東京大学名誉教授
著　書　『法学概論』(1959年、全訂新版　1973年、弘文堂)
『法と言語』(1965年、日本評論社)
『法と社会』(1967年、中公新書)
『合理主義の復権』(1973年、木鐸社)、ほか
訳　書　アラン・ウッド『バートランド・ラッセル——情熱の懐疑家』(1963年、みすず書房)

新装版 ラッセル

1961年 7 月20日　第 1 版第 1 刷発行
1974年 3 月15日　改装版第 1 刷発行
2007年 5 月25日　新装版第 1 刷発行

著　者　碧《あお》海《み》純《じゅん》一《いち》

発行者　井村寿人

発行所　株式会社　勁《けい》草《そう》書房

112-0005 東京都文京区水道2-1-1　振替 00150-2-175253
(編集) 電話 03-3815-5277／FAX 03-3814-6968
(営業) 電話 03-3814-6861／FAX 03-3814-6854
総印・鈴木製本

ISBN978-4-326-19824-5　Printed in Japan

人名・地名索引

ア　行

カ　行

サ　行

タ　行

ナ　行

ハ　行

マ　行

ヤ　行

ラ 行

事 項 索 引

ア 行

カ　行

サ　行

タ 行

ナ 行

ハ 行

マ　行

ヤ　行

ラ　行

ワ　行